"向古人学生活·中国传统文化中的美学"系列丛书

風景舊曾諳

《乾隆南巡图》里的江南风物

樊祎雯 著

中国财经出版传媒集团
中国财政经济出版社
北京

图书在版编目（CIP）数据

风景旧曾谙：《乾隆南巡图》里的江南风物 / 樊祎雯著
. -- 北京：中国财政经济出版社，2024.1
（“向古人学生活 · 中国传统文化中的美学”系列丛书）

ISBN 978-7-5223-1478-5

Ⅰ. ①乾⋯　Ⅱ. ①樊⋯　Ⅲ. ①社会史－研究－中国－清代　Ⅳ. ①K249.07

中国版本图书馆CIP数据核字（2022）第102545号

责任编辑：潘　飞　　　　责任校对：胡永立
封面设计：MXK DESIGN STUDIO Q:1765628429　　　　责任印制：史大鹏

风景旧曾谙：《乾隆南巡图》里的江南风物
FENGJING JIUCENGAN QIANLONGNANXUNTU LI DE JIANGNAN FENGWU
中国财政经济出版社 出版
URL：http：//www.cfeph.cn
E-mail：cfeph@cfemg.cn

社址：北京市海淀区阜成路甲 28 号　邮政编码：100142
营销中心电话：010-88191522　编辑中心电话：010-88190666
天猫网店：中国财政经济出版社旗舰店
网址：https：//zgczjjcbs.tmall.com
北京时捷印刷有限公司印刷　各地新华书店经销
成品尺寸：170mm × 230mm　16 开　17.5 印张　172 000 字
2024 年 1 月第 1 版　2024 年 1 月北京第 1 次印刷
定价：98.00 元
ISBN 978-7-5223-1478-5
（图书出现印装问题，本社负责调换，电话：010-88190548）
本社质量投诉电话：010-88190744
打击盗版举报热线：010-88191661　QQ：2242791300

推荐序壹

中国国家博物馆研究馆员　朱万章

乾隆南巡是一个道不尽的话题，而由乾隆六次南巡衍生的无数画卷，更是美术史上备受关注的经典名作。《乾隆南巡图》留下的不同图式，如同一座取之不尽的富矿，如果人们去深入挖掘，每每会有出人意料的惊喜。诸本《乾隆南巡图》，所表现的方方面面，大至顶层设计、山川胜景、城池宫苑、官制礼制、航道官船和世风民俗，小到街头巷尾、贩夫走卒、亭台楼阁、花草树木和美食佳茗，几乎涉及乾隆时代社会生活的各个领域。这是典型的有清一代的主题性美术创作，不仅可概见其时宫廷绘画侧重写实的艺术技巧，表现皇家富贵之气，更可见一个时代的政制、航运、礼俗、吏治、河工、军旅、市井、城垣、民风与文化的盛景。关于这一主题的论著和论文，并不鲜见，但从美术史之外，从不同的视角来重新认知《乾隆南巡图》，樊祎雯的此书却是一种全新的尝试，堪称同类研究中的一股清流。

作者供职于中国国家博物馆，该馆又是收藏《乾隆南巡图》最多的收藏机构之一，故其有机会接触到画卷原迹及相关的舆图、典籍、名物与其他相关文物等，因而对此画卷就有发乎情的切身感受，研究起来，便是有话可说，为有源头活水来。在迥异于美术史家的视野中，作者透过不同的画卷，为我们解答了清帝为何要祭扫明陵、清朝阅兵的亮点在哪里、乾隆奉母南巡另有什么隐情和两位皇后的去世为何都与巡游有关等非美术的“天问”。而南巡的钱从哪里来以及南巡支出对于国力的影响有多大，不仅是经济史学者探研的范畴，更是普罗大众极为好奇的乾隆“隐私”。作者都在文献的钩稽索隐与画卷的解构中找到了答案。当然，画图中的文化盛景以及舌尖上的盛清风尚，也都在书中得到呈现。这种独出心裁的观画视角，不啻为美术史研究开辟了新的路径，更拉近了作者与读者交流互动的距离。

自从二十世纪末二十一世纪初以来，由于海量的书画作品面世以及相关文献资源的公开，美术史研究出现了超越以往任何时代的多元化胜景。在传统的对于艺术家及其作品的解读与研究之外，对作品所涉的时代背景、时风流韵以及政治、军事、经济、文化、审美、风尚、俚俗等诸方面的探讨，成为美术史研究的新的导向。美术史的论著不仅是写给专业人士所看，更要使非专业人士中的传统文化痴迷者有兴趣和动力去接触与探究，这对于文化的承传与流播尤为重要。见微知著，致广大而尽精微，正因如此，以深入浅出，甚至如瓜棚架下邻人谈心的形式娓娓道来，才会使得象牙塔中的美术研究受到更多人的垂注。樊祎雯的此书便是为我们提供了这样一个范例。

推荐序贰

故宫博物院研究馆员　汪亓

接到樊祎雯老师寄来的书稿，不由得想起二十年前的一段往事。大约从千禧年开始，我参加《清史图典》丛书的编写工作，关注得更多的是康熙朝宫廷绘画，对雍正、乾隆两朝的宫廷绘画曾作过一些初步了解。对徐扬《乾隆南巡图》也留意过，当然不如对王翚主持绘制的《康熙南巡图》下的功夫多。这次拜读樊老师的著述，可称得上是补了重要一课。

中国古代，巡幸已经成为帝王的重要政务活动。至清代康熙年间，四海晏平，国力昌盛，皇帝玄烨先后六次南巡，堪称盛事。乾隆皇帝弘历登基后，整顿吏治，经济繁荣，便效法祖父，遂有六次南巡之举。不仅南巡如是，连安排画家以此为题材绘制一套巨幅长卷，也亦步亦趋。在共计十二卷的《乾隆南巡图》中，帝王自然是主要表现的对象，每幅长卷分别围绕着弘历巡视河工、祭拜禹庙、检阅精兵等活动，缓缓展开城市、乡镇以及沿途的风光和景色。画家将这些内容纤毫毕现地呈现出来，仿佛两百余年前的摄影师，用长卷的形式逐一记录万千世态、辉煌盛世。这些气势非凡的长卷原本只供帝王欣赏，留作纪功之用，后来成为博物馆收藏，转作公众浏览的一套重要历史图画，让更多的人可以通过欣赏画面，沉浸在许多历史情景和细节之中。作为现在的收藏单位，中国国家博物馆曾专门利用巨幅屏幕、先进音响，在宽阔的展厅之中将此图向世人展示。不过，通过影像的形式来表现《乾隆南巡图》只是满足了普通观众对于图像的初步了解，画面呈现的具体内容与丰富细节实在不能清晰地传递给大家。于是，《风景旧曾谙：〈乾隆南巡图〉里的江南风物》一书的撰写，就显得尤为重要。

关注过《乾隆南巡图》的读者朋友们，或许读过《乾隆南巡图研究》（王宏钧主编，文物出版社，2010年版）和《乾隆南巡的故事》（向斯著，故宫出版社，2016年版）。《乾隆南巡图研究》依照《乾隆南巡图》第一至十二卷的先后顺序，逐幅分析，渐次铺叙。《乾隆南巡的故事》则重在讲述南巡途中由京师至杭州之间的行宫、名胜。这两部书从各自的角度深耕细作，介绍了南巡中的人物、故实、建筑等，内容充实，记述详尽。相比来讲，《风景旧曾谙：〈乾隆南巡图〉里的江南风物》具有不同于以上两种图书的特点，从而存在着其独特的撰写意义。《风景旧曾谙：〈乾隆南巡图〉里的江南风物》自辟蹊径，结合容易引起大家关注的四个部分，从历史、政治、文化、生活等角度娓娓道来，令读者朋友不知不觉沉浸其中，感受历史的温度。

严格来讲，《风景旧曾谙：〈乾隆南巡图〉里的江南风物》并非一本专门的研究著作，但它是一本以学术研究为坚实基础的图书，更是一本引人入胜的“导游手册”。我觉得，运用通俗畅晓的语言，让更多的读者和观众深入了解一幅幅画面所呈现的宏大历史里的幽微事件、寻常巷陌中的众生百态，是此书的切入点。页页读来，我发现作者着重发掘图中的枝枝节节、方方面面，耐心地用清晰流畅的文字作出要言不烦的解释与介绍，使隐藏在图卷中的历史鲜活起来，让读者随着一个个字符走进丰富多彩的历史空间。

面对全长一百五十余米的巨幅画卷，无论男女老幼，都会围绕画面产生不同的疑问。《风景旧曾谙：〈乾隆南巡图〉里的江南风物》终究不能解决所有人的疑问，作者撷取更多朋友关心的内容，重点解答了与此图相关的政治、文化、社会风俗等问题，在轻松的氛围下为大家一一释疑，拉近了近三百年的时间距离，引起人们对探究清代历史的兴趣。这正是博物馆学人应该做的有益于公众的好事。

翻开书页，见到作者将密如珍珠的诸多史料穿缀起来，成为华美珠链般的著述，我由衷钦佩。钦佩之余，对身材高挑、性格方直，具有典型齐鲁人士特点的樊老师，运用手中佳笔写下如涓涓清流、回环曲折的文字，同样叹服。在平时的学术研究中，樊老师著文不多，但从每篇文章中的妥帖论述，均可见到她论学为人的严谨实在的真面。在此，我向读者推荐此书，希望朋友们能随樊老师的引导，穿行在历史的山川之中，游目骋怀，观往品古。

掩卷之余，既有颇多获益，也有些许遗憾。其一，只可从随文配图管窥《乾隆南巡图》各个局部，未能得见十二幅画卷的全豹，殊难使得读者享受欣赏巨幅画卷的壮阔宏大之美。其二，因为种种缘故没有将樊老师准备好的乾隆南巡路线图放置书前，以致缺少更为直观知悉乾隆帝行迹的可能。

所幸，瑕不掩瑜。这些都无法影响《风景旧曾谙：〈乾隆南巡图〉里的江南风物》是为有历史与文化情结的朋友们撰写的一部佳作。

导读

“六度南巡止，他年梦寐游。”从这句诗中不难看出“马上天子”乾隆帝对巡幸江南充满眷恋之情。他曾六下江南，并命画师绘制长卷，来彰显盛世之文治武功。《乾隆南巡图》就是这样一套纪录片式的画卷，记载了康乾盛世时期最重大的历史事件之一——乾隆帝南巡，可谓古人的“鸿篇巨制的美术创作工程”。其描绘了清高宗于乾隆十六年（1751）第一次南巡的情景。

此画作创制阵容强大：由顺南巡路线北上的姑苏画师——徐扬绘制，由乾隆朝状元词臣梁国治书写御制诗，体现的则是画作“赞助人”——乾隆皇帝的意志，将其南巡途中所作的十二首御制诗的诗意绘成十二卷，内容分别是：启跸京师、过德州、渡黄河、阅视黄淮河工、金山放舟至焦山、驻跸姑苏、入浙江境到嘉兴烟雨楼、驻跸杭州、绍兴祭大禹庙、江宁阅兵、顺河集离舟登陆、回銮紫禁城。

《乾隆南巡图》堪称清代宫廷历史画作中的鸿篇巨制，反映了清代乾隆时期盛世政治、经济、文化、社会的方方面面状况，可谓清代社会的百科全书。其有绢本、纸本各一套（每套十二卷），共二十四卷。绢本散佚于国内外各博物馆，目前已知八卷分别被法国尼斯魁黑博物馆（第三卷）、吉美博物馆（第十卷）、美国纽约大都会博物馆（第四卷、第六卷）、故宫博物院（第九卷、第十二卷）及加拿大私人（第二卷）、日本私人（第五卷）收藏。纸本十二卷曾贮宁寿宫，著录于《石渠宝笈续编》，现在被完整地保存在中国国家博物馆，其总长154.17米，钤有乾隆帝之“八玺”，即“乾隆御览之宝”“乾隆鉴赏”“三希堂精鉴玺”“宜子孙”“石渠宝笈”“石渠定鉴”“宝笈重编”“宁寿宫续入石渠宝笈”，另有三枚印章——“五福五代堂古稀天子之宝”“八徵耄念之宝”以及“太上皇帝之宝”，表明了乾隆帝曾在第五次南巡前后（1780）及成为太上皇之时（1798）还曾经欣赏过这些画卷。

那么，让皇帝心心念念的这一“历史图像”究竟描绘了什么？是否可以和“历史真实”画等号？画面又体现了哪些治国韬略？从皇帝出游中是否可以窥见其家国情怀？盛世巡游是一场烧钱的游戏吗？其费用是国家资助，还是来自皇帝的小金库？它会对国家产生何种影响？古人的物质生活与文化生活是什么样子的？

通过本书描述的有意思的细节和有意味的形式，我们可以得见十八世纪中叶北京至绍兴沿途的风情世态、锦绣河山。当然，画卷也是研究北京、山东、江苏、浙江等地的经济、文化、地志、民俗及清廷的典章制度方面不可或缺的图像资料，起到以图证史的作用。从中，我们能得见相对真实的清代风土人情，以古为鉴，回归我们的文化传统。

目录

壹

第一章 谜一样的《乾隆南巡图》

中国历史上下五千年，从不缺皇帝，充满传奇色彩的皇帝却非常少见，清高宗乾隆皇帝就是其中一位：他不仅自己活成了世界上寿命最长的皇帝之一，也让其把持朝政的时长位列各朝各代的首位；他所管辖的国家，是当时世界上最强大、最富庶的帝国，在其统治下，这个帝国的人口也达到了中国古代历史的峰值。所以，他自称“十全老人”，倒也不算夸功自大。除了文治武功，他还有三大爱好——巡游、写诗、画像，亦广为世人熟知。

乾隆皇帝讲究“马上治天下”，无论从次数来说，还是从时长来说，其巡游均堪称中国历代皇帝之最。据统计，乾隆皇帝在位六十年，各种巡幸活动就有一百五十次之多，平均下来，每年出游2.5次，最长的一次巡幸为一百三十天，最短的也要数天。其中，拜谒东陵、西陵及盛京三陵六十六次，巡幸热河避暑山庄及秋狝木兰五十二次，东巡曲阜八次，南巡江浙六次，巡幸中州一次，西巡五台山六次，巡幸明陵、盘山及天津等畿甸（即京城外围）地区几十次。据说，仅巡幸盘山就有三十二次之多。这一点，与他不爱动的父亲雍正皇帝截然不同。雍正皇帝是一个标准的“宅男”，一天到晚，老爱宅在自己的办公室——养心殿里批奏折、商国是。乾隆皇帝倒更像其祖父康熙皇帝，甚至有过之无不及。简言之，可以如是概括乾隆皇帝的行踪：在那个没有高铁、飞机的时代，他不是在巡幸，就是在去巡幸的路上。

乾隆皇帝的另一个“之最”，就是其所作诗歌的数量，在历代皇帝中堪称翘楚。据统计，其创作的诗歌多达四万三千六百三十首。《全唐诗》共收录四万首诗，还是三百年间两千多位作者共同完成的，加总起来，竟不及乾隆帝一个人作的诗多。据载，乾隆作诗特别迅速，他上一次厕所，四首诗就出来了。他活了八十九岁，十多岁就开始作诗，除却早年散佚或者丢掉的，保存、流传至今的多是他实际执政六十三年间所作的诗稿。一年可以写六百余首，平均一天作两首，用现在的眼光看，乾隆帝写诗，与现代人发微信朋友圈相比，简直有异曲同工之意（图1-1）。

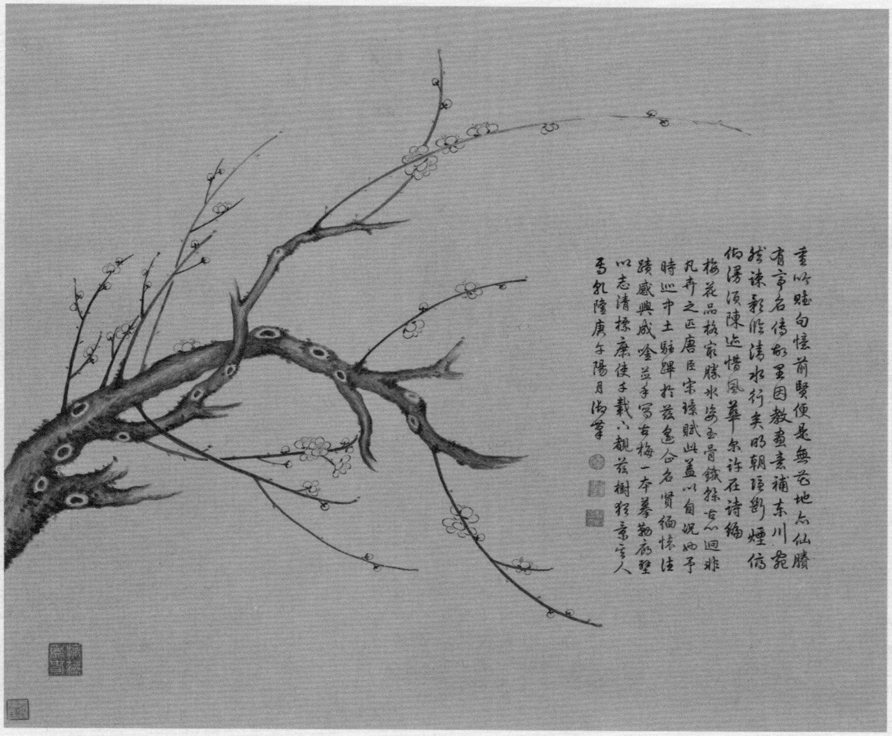

图1-1　乾隆皇帝巡幸途中亲笔所绘并题有御制诗的《梅花》（藏于中国国家博物馆）

自顺治以来，清朝的皇帝们都非常重视借助绘画的方式，将以自己为主角的典礼、巡幸的场景保存下来、传承下去，形成所谓的“御容画”。皇帝遇到重大场合，为自己搞个纪实绘画，流芳百世，也属人之常情，毕竟受朝廷供养的宫廷画家就是专干这活儿的。但乾隆皇帝的画像，多到简直可以车载斗量，无论是身着正装、戎装、古装、休闲装，还是读书、弹琴、打猎、看风景等场景，他都让人给画下来。除此之外，乾隆帝还会特意让人帮他画些别有意趣的图像（图1–2、图1–3、图1–4）。

如果说要给乾隆帝上述三大爱好找个结合点，那么就得说说《乾

图1–2 《乾隆帝弋凫图》局部（藏于故宫博物院）

图1–3 乾隆帝画像（《心写治平图》局部，藏于美国克利夫兰美术馆）

图 1-4 《乾隆帝观画图轴》(藏于故宫博物院)

隆南巡图》。乾隆皇帝曾于乾隆十六年(1751)、乾隆二十二年(1757)、乾隆二十七年(1762)、乾隆三十年(1765)、乾隆四十五年(1780)、乾隆四十九年(1784)六次巡幸江南，历时三十三年。事实上，南巡是乾隆帝一生中一件值得称道、夸耀的大事，他曾在七十五岁时说："予临御五十年，凡举二大事，一曰西师，一曰南巡。"

巡幸中，乾隆皇帝欣然作了上百首御制诗。从中，他挑出了最为满意的十二首，亲自指导、监督宫廷画师徐扬在丝绢上创作了十二幅画卷，以此作为永久的纪念。没想到，完成之后，乾隆皇帝竟然余兴未了，命徐扬在宣纸上又复制了十二卷同样的画作，才最终心满意足。当然，配合这些画卷存世的，还有文字说明，即《南巡盛典》及《御制南巡记》等。

乾隆皇帝为何如此看重“南巡”一事及其衍生出的画卷？画卷的背后，有何深刻用意？画卷和帝王的统治有何关系？要回答上述问题，就得从南巡图卷画面的谋篇布局开始说起了。

一、南巡图为何卷卷有水

《乾隆南巡图》共有十二卷，加起来有一百五十多米长，通览画作全部，不难发现卷卷有水。这些大自然中无形的、流动的液体到了画面上，则变成了空间布白的区域，也被赋予了不同的肌理。画师通过长短不一、弧度不同的淡墨勾勒，描绘出南巡沿途的黄河、淮河、运河、长江、西湖、南湖等不同的水景。南宋著名画家马远就有《水图》传世，把水描绘出了十二种样式。《乾隆南巡图》亦继承了这样的传统，在画面形式上做足了文章：一方面，它沟通了各卷，增强了画面的气势，使相互独立的画卷有机结合在一起，保持了整体性和前后呼应性；另一方面，以此描绘途中美景，突出江南以水为生、以水为美的地域特色。更深地来看，“水”的元素成为十二卷的主体，则与乾隆皇帝南巡的主要工作——视察河工、勘察堤防工程和治水工程契合起来。

这些水也是有丰富信息含量的。比如，第一卷就表现了北京的水。

卢沟桥十七孔桥下的水，还处于结冰状态，上面布满了冰裂纹，画家借此在暗示天气——在北方天寒地冻的时候，乾隆皇帝开始启程南下（图1-5）。参读有关文献，可以得到更多的相关信息：乾隆皇帝南巡往往开始于农历正月十五前后，也就是元宵节前后。这时候，北方通常天寒地冻，皇帝也是借此机会南下避寒。这可以被第八卷中的某个

图1-5　南巡队伍行经卢沟桥（《乾隆南巡图》第一卷局部）

画面充分证明：皇帝一行经过杭州苏堤时，西湖上清风徐来，四周湖光山色，一派花红柳绿的景象（图1–6）。南巡之行让皇帝可以充分享受南方温暖的阳光，躲避北方寒冷的天气。而皇帝赶在这个时间南巡，也出于政治上的考虑，就是赶在南方汛期到来前疏浚河流水利工程，消除隐患。乾隆皇帝的良苦用心可见一斑，这从其南巡路线的选择上就可以看出来。

图1–6　南巡行经杭州苏堤（《乾隆南巡图》第八卷局部）

实际上，从南巡前几年开始，乾隆就在爷爷康熙帝当年南巡路线的基础上，着手布局自己的南巡路线了。其起止点、路线的设计也与中国古代一个重要的水利工程密不可分，那就是清王朝一条极为重要的经济命脉——京杭大运河。

1. 京杭大运河与皇帝南巡

京杭大运河为什么那么重要呢？这是因为它是大清帝国重要的粮食漕运的通道，政府粮仓的丰盈与否很大程度上取决于此。要知道，在历朝历代，填饱肚子既是民生问题，也是事关社稷江山稳固与否的重要问题。众所周知，“苏湖熟，天下足”，产自江南水乡的粮食成熟后，就是通过京杭大运河被源源不断地运往京城及北方各地的。

在相当长的一段时间里，在这条大运河上奔流穿梭的，除了事关黎民苍生的粮食、满足日常之用的物资，还有供王公贵胄们把玩的各色精美工艺品。就连南方官员、士子北上，它也是一条很难绕开的重要水道。古往今来，京杭大运河还大大促进了中国南北文化的交流和互补。比如，在南方餐馆可以见到“火锅”“满汉全席”的字样，而在北京又可见售卖南味的店铺（图1–7）。

京杭大运河还是一个活态的文化遗产带，已经有两千五百年的历史了，直到今天仍在发挥着重要作用。皇帝南巡并不是清代首创，其亦有历史传承，隋代就有炀帝顺运河南巡的记载。值得一提的是，清代“康乾盛世”时期的两位君主则把这种巡游之治发挥到了极致，

图1-7　京城售卖“金华火腿”的店铺（《乾隆南巡图》第一卷局部）

尤其是乾隆皇帝在各方面均创下了历史新高——次数最多，路线最长，随从人员最多。据《南巡盛典》里面的数据统计，1751年，乾隆皇帝南巡往返共有五千八百四十里，其中三千二百里是陆路，有二千六百四十里是经过京杭大运河走水路，约占全部路程的45%。

乾隆帝南巡，一路上全是好风景。六次南巡的起点皆是京城，也就是现在的北京；而终点有两个，一个是绍兴，第一次南巡时，乾隆皇帝在绍兴祭祀了大禹，另外五次的终点，则全部是杭州，也就是京杭大运河的终点。就南巡的交通方式来说，在直隶、山东两省，南巡以陆路为主，而从顺河集开始，基本沿着京杭大运河顺流南下。更有意思的是，《乾隆南巡图》十二卷描绘的全部是京杭大运河沿岸的境况，或是运河沿岸的旖旎风光，或是城市的世俗风情（图1-8）。

把《乾隆南巡图》十二卷徐徐展开，卷卷可见京杭大运河的影子。首卷表现的是众多侍卫保护皇帝南下，尾卷则是皇帝乘坐轿子回銮紫禁城的场景。在首卷中，只见乾隆皇帝骑着高头大马，出了正阳门，迫切地开始巡幸江南之行；画卷还顺带描绘了北国风光。从顺河集向北，仅有的一卷描绘的是在运河与南巡路线的交叉点，皇帝过德州，行至京杭大运河浮桥时的情形（图1-9）。剩下的九卷，除了第九卷表现绍兴祭大禹陵和第十卷表现江宁阅兵外，其余七卷都有运河河道的影子：乾隆帝一行先是渡黄河（第三卷），然后阅视黄淮河工（第四卷），接下来从金山放舟至焦山（第五卷），驻跸运河沿岸繁华的姑苏城（第六卷）后，顺大运河入浙江境到嘉兴烟雨楼（第七卷），驻跸浙江最繁华的杭州城，也就是大运河的终点（第八卷），终又回銮北上，在顺河集离岸登陆（第十一卷）后，继续沿陆路北上，回銮京师。

《乾隆南巡图》十二卷留下的乾隆皇帝形象极为多元、丰富，这是在一般画像中很少见的——皇帝在摆驾北京或者途径苏州、杭州等大城市时通常骑马，在行经运河浮桥或者回銮途中乘坐轿子，行经运河、黄河等河道时又会乘御舟——画师如此表现，在兼顾艺术多样性的同时，也有出于其他方面的考量。例如，在绍兴祭拜大禹，就是表明乾隆

图1-8 姑苏（今苏州）一带的运河码头（《乾隆南巡图》第六卷局部）

图1-9　过德州时行经京杭大运河浮桥（《乾隆南巡图》第二卷局部）

帝进一步接受汉文化；而在江宁，也就是今天的南京阅兵，则是要彰显帝国的军事实力，震慑边疆。除此以外，就是考察运河河道，这可是帝国赖以生存的“生命线”。这条“生命线”到底有多重要，先卖个关子，后文再叙。

2. 南巡诸要事，莫大于河工

京杭大运河被称作“京师生命线”，是清帝国重要的漕运通道，要知道，粮食问题在历朝历代都是关系国运的大事。这条重要命脉经过康熙、雍正两朝的全面修治，已经比较畅通了，但远没有达到“一劳永逸”的状态，尤其是黄河、淮河和运河三大水系交汇的地方，也就是第四卷所描绘的乾隆皇帝阅视黄淮河工的地方，水患连年不断，因此，乾隆南巡的一项重要活动，即视察治河的水利工程。封建时代人们认为神灵在主宰大自然的一切，所以乾隆皇帝在途中还会祭祀河神。

黄河水患是悬在历朝历代统治者头上的一把“利剑”。唐代诗人刘禹锡就曾在其诗作《浪淘沙》中对黄河展开过如下描写：“九曲黄河万里沙，浪淘风簸自天涯。”江苏、安徽、浙江也经常发生水灾。乾隆也像其祖父康熙那样，极其重视河工海防，并将其视为六巡江南的一个主要任务。乾隆七年（1742），黄河、淮河同时涨水，江苏、安徽的海州、徐州等府五十余州县“水灾甚重”，灾民多达七八百万人（图1-10）。

在乾隆写的御制《万寿重宁寺碑记》和《御制南巡记》里，他着重讲道，“南巡之事，莫大于河工”，“六巡江浙，计民生之最要，莫如河工海防”，“临幸江浙，原因廑念河工海塘，亲临阅视”。

这些话并非空谈，而是他对自己倾尽全力大兴河工的历史实际情况的真实概括。在乾隆四十九年（1784）的《御制南巡记》里，他对多年大兴河工的情形做了总结，主要是四大工程。

第一项大工程是制定清口水志，加固高堰大堤，基本上保护了淮

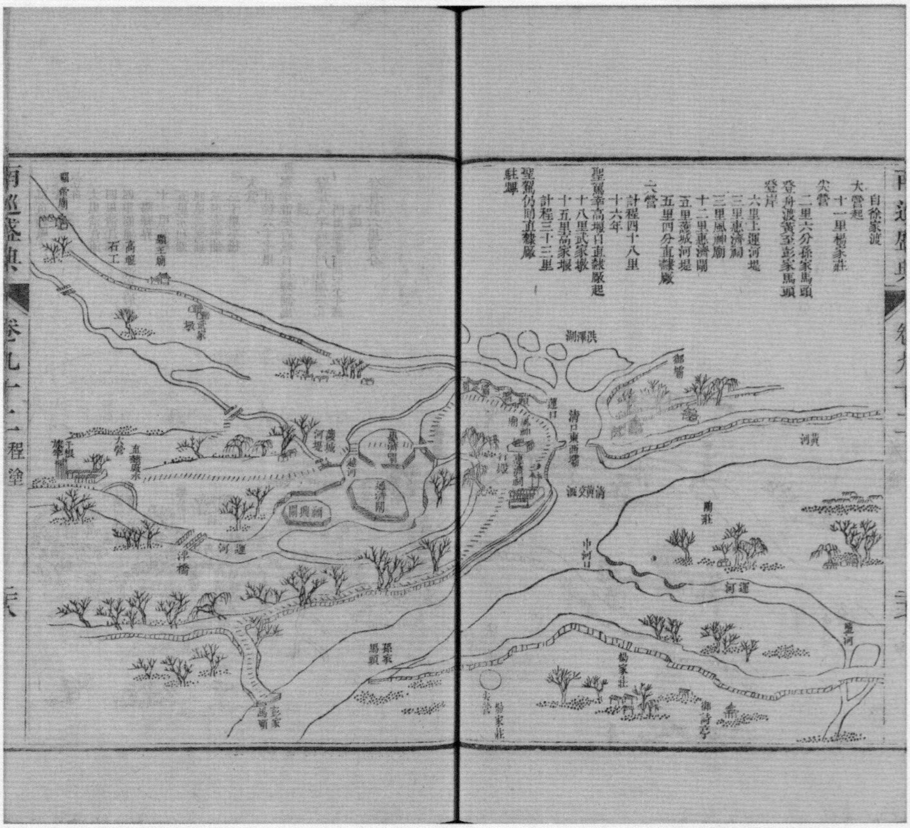

图1-10 《清黄交汇图》(《南巡盛典》卷九二)

安、扬州、泰州、盐城、通州等富庶地区免受水淹。

第二项大工程是陶庄引河工程，在陶庄开挖一条引河，宽八十至九十余丈，长一千余丈，深一丈余，以防止黄河河水倒灌清口。引河开成以后，解决了“倒灌之患”。

第三项大工程是在浙江老盐仓一带修建鱼鳞石塘，历时三年，花银数百万两，修建好鱼鳞石塘四千一百余丈。

第四项大工程是花三年多时间，为原有范公塘一带的土塘添筑石塘。这对保护沿海百姓生命财产安全，发挥了重大作用。五六十年以后，嘉庆朝的举人陈文述对比当年海塘利民和海塘失修导致的灾害加剧时，有感而作《议修海塘》诗云："叹息鱼鳞起石塘，当年纯庙此巡方。翠华亲莅纾长策，玉简明禋赐御香。列郡田庐资保障，万家衣食赖农桑。如何六十年来事，容得三吴骇浪狂。"

另外，《御制南巡记》里还提到将高家堰的三堡、六堡等原来用砖砌的堤一律改为石堤，徐州城外添筑石堤直至山脚。仅据《清高宗实录》记载，六次南巡期间，乾隆对黄河、淮河的河工及浙江、江苏的海塘，下达了数以百计的上谕，指示治理，动用了几千万两帑银，完成了多项工程，对减少洪灾、保护百姓田园庐舍和生命安全，起到了不能抹杀的作用。

《乾隆南巡图》第二卷、第三卷、第四卷及第十一卷表现内容都与黄河有关，其中，后三卷都与河工有关。尤其是第四卷，浓墨重彩地描绘了乾隆帝如何亲临现场监督河工，可见其重要性（图1–11）。

若论河工兴修规模之大、投入财力物力人力之巨、兴修时间之长，乾隆这一朝堪称古今之最。以经费而言，每年河工固定的"岁修费"多达三百八十余万两白银，约占每年朝廷"岁出"额数的十分之一强。也就是说，当时的清政府每月为国家的行政管理、军费开支、

图1-11　乾隆皇帝监督黄淮河工（《乾隆南巡图》第四卷局部）

公共建设、教育支出、社会救助及外交费用等预算支出三千二百两白银，河工支出费用在其中约占12%。这些钱通常用于疏浚运河、黄河防汛等。事实上，河工用款费用巨大，临时兴修的大工程，动辄用银几百万两，例如蔺阳青龙岗之工，“费帑至二千余万”。据统计，这类工程，乾隆四十三年（1778）到乾隆四十七年（1782）每年都有，历年支出不同，多数支出几百万两，因此，这些固定的支出费用是不够的，会有些预算外的支出，这些非常项收入通常来自赋税加派、捐输、报效等。

二、清帝为何要祭扫明陵

《左传》云：“国之大事，在祀与戎。”

在古代，一个国家的重大事务其中有二：一是祭祀，二是战争。祭祀体现了国家最高统治者对于天地、神明、自然、祖先等的敬畏，而战争则一定程度上展现了一个国家的军事实力。这两项重大事务都是国家实力的体现，也会深刻地影响国家发展进程。

乾隆皇帝六次南巡中均有安排祭祀活动：乾隆十六年（1751）第一次南巡时，皇帝一行特地安排驻跸绍兴，三月初八，皇帝到大禹庙致祭；回銮时曾从陆路至泰安，祀岱庙拈香。乾隆二十二年（1757）回銮时，四月初十到曲阜谒孔林，亲祭孔子。乾隆二十七年（1762）第三次南巡，三月二十六日至南京，祭明太祖陵；回銮时到邹县祭孟子庙，再至曲阜孔庙行礼，谒孔林，登泰山，至玉皇顶拈香。乾隆三十年（1765）回銮时，亲至明太祖陵奠酒。乾隆四十五年（1780）经过山东时，派遣官员至曲阜祭祀了先师孔子；在江宁拜谒了明太祖陵，颁布了移风易俗的谕示。乾隆四十九年（1784），乾隆皇帝第六次南巡途中，在曲阜拜谒了孔庙；到达江宁时，遣官祭祀明太祖陵。

总结上述，乾隆皇帝南巡中，最重要的祭祀有几类：祭祀孔孟，祭祀太庙，祭拜明太祖陵，还有祭祀大禹庙。其中，绍兴拜谒大禹庙的情形被真实还原在《乾隆南巡图》第九卷中（图1–12）。

图1–12　南巡途中绍兴拜谒大禹庙（《乾隆南巡图》第九卷局部）

相传禹是与尧、舜齐名的贤圣帝王，他治理黄河有功，三过家门而不入，受舜禅让而继帝位。其在位期间，划定中国国土为九州。后世尊称其为大禹，“大”就是称颂其伟大的意思。因是夏朝的第一位天子，后人也称他为夏禹。相传禹死后被安葬在绍兴东南的会稽山北麓，至今仍保存禹庙、禹陵、禹祠。秦始皇东巡时就曾特地祭祀他，后世的历代帝王大都对此举加以效仿。

《乾隆南巡图》第九卷描绘了乾隆皇帝第一次南巡时特地到绍兴东南的会稽山北麓禹庙致祭的场景。相较于其他卷，在这一卷中，乾隆皇帝着装最为正式，戴着青绒行冠，穿着石青行褂，在九龙曲柄黄华盖的引导下，平和而庄重地走向大禹庙祭拜，多名文武大臣扈从其后。乾隆帝缅怀大禹“平成之德，万世永赖”，并行三跪九叩之礼；还特地作了御制诗来称颂大禹，称禹得尧舜的心传，有治理洪水、垦发九州的功德，所以，称颂他为“贤能之君”，以示对其的崇拜和敬畏。

如果说禹是贤君的代表，乾隆皇帝祭祀他，可以理解，但祭祀明太祖陵的举动，则有些不同凡响、出人意料。事实上，这一举动亦是对康熙皇帝的效仿。据《清圣祖实录》载，康熙曾三次南巡举办祀典，拜谒明代皇陵，主要是祭祀朱元璋的陵墓。据《康熙起居注》载，康熙皇帝于孝陵殿前行三跪九叩礼。这一传统也非康熙首创，可溯至顺治皇帝。从顺治帝开始，祭祀明陵逐渐成为其后历代清朝皇帝一项非常重要的政治任务。其目的有二：一方面，代表自己是前朝的正统继承人，皇位系禅让所得，且据《尚书》的记载，天子得天下，要以德配位，提倡“百善孝为先”，因此借保护、拜谒皇陵，可以体现皇帝之孝德；另一方面，笼络人心，特别是拉拢明朝官员及汉族知识分子，以稳固统治。康熙祭祀时，就曾召集南京的汉学士一同前往。清初治天下之时，尚有南明反清复明势力的存在，而清廷急需各类人才的加入，因此接受汉文化，以孝德治天下，则显得尤为重要。

清代皇帝不仅祭祀大禹庙、明陵，还在京城重修、增建历代帝王庙，祭祀历代帝王。同时，在明朝供奉三皇五帝及开国皇帝为主的基础上，还增加了辽、金、元等少数民族王朝的帝王，祭祀对象大量增加，共有一百多位帝王，另有一些功臣。

除此以外，清朝皇帝也会祭拜“至圣先师”孔子，并行跪拜大礼。京城亦建有孔庙，供奉孔子，借以表示尊师重道、尊崇儒学，向天下臣民表达清代的治国理念与汉人并无不同。

除了上述祭祀外，清代的祭祀还有很多，且有一套严谨的制度，《大清会典·礼部》就有关于此的系统记载。祭祀属于古代“五礼”之一，即吉、嘉、军、宾、凶中的“吉”礼。到了清代，吉礼多达一百二十三项，约占了“五礼”的近一半。清代沿袭明代，设有专门掌管吉礼的祭祀机构——太常寺。按照祭祀对象、坛庙处所、仪式规格等，还可分为三个级别：大祀，中祀和群祀。

大祀通常非常隆重，包括祭圜丘、方泽、祈谷、雩祀、太庙、社稷。光绪三十二年（1906），还将祭“至圣先师”孔子提升为大祀。按制度规定，应由皇帝亲祭。当然，皇帝由于出巡或征战，会委派皇子、亲王等代为祭祀。

中祀指祭日神、月神、历代帝王、“至圣先师”孔子、文昌帝君、关帝、先农、先蚕、天神、地祇、太岁等。中祀一般由皇帝亲祭，或是遣官祭祀。根据上文可知，南巡途中皇帝的祭祀均是此级别。

群祀级别最低，神祇比较多，规格也低，皇帝不亲祭，均遣官祭祀，包括祭先医、火神、炮神、北极佑圣真君、东岳、都城隍、龙神、司土、司工、窑神、仓神、门神及贤良祠、昭忠祠、双忠祠、诸功臣祠等。当然，在清代还增加了一些特殊的祭祀对象与内容，如长白山祭祀。长白山无法与五岳相提并论，而在清代时则被神化、频繁祭祀，且被提高到了与五岳并列的规格，这是由于长白山是满族皇室的发源之地，因此其地位自然而然地迅速上升。

三、清朝阅兵的亮点在哪里

对于马背上得天下的满族人来说，其骁勇善战，素来重视武功，因此，乾隆皇帝南巡途中就举办了阅兵操练，来彰显帝国的军事实力，更是提醒后人不要忘记先贤创业之艰苦。当然，这样的情形也被描绘在《乾隆南巡图》第十卷《江宁阅兵》中。

如果说《乾隆南巡图》图卷是全方位的拍摄场景，那么《南巡盛典》则包含着更多的解说意味。

据《南巡盛典·阅武》和《清高宗实录》记载，乾隆十六年（1751）农历三月二十五日，也就是乾隆皇帝第一次南巡途经南京时，在江宁校场举办了阅兵。如画卷所绘：乾隆皇帝头戴凉帽，盘膝坐于阅兵观礼台的黄幄下，注视远方骑射演练的士兵，其检阅的是江宁驻防满汉官军以及绿营兵。占据画面主体的则是阅兵场。阅兵场最西侧是一座牌坊，上有“德备中和”四个字，两边的牌坊则书“敷文”与“宣武”，周围还有持械警戒的官兵。

校场里面分列两侧的是等待检阅的满汉官兵方阵，其上方则是代表阵营的各色旗帜。画面最右侧，也就是距离观礼台最远的绿营兵阵营。

绿营兵，以绿色旗帜为标志，又称“绿旗兵”，是清兵入关后改编和新招的汉人部队。其作用是配合八旗兵驻守京城和各省。在京城的，被称为巡捕营；在地方的，则受到地方的总督、巡抚、提督等的节制。有些绿营兵是由前朝投降的汉军组成的，建制亦是仿造明朝旧制，因此清政府对他们的整体态度不那么信任，其地位、待遇和规模均次于八旗兵（图1-13、图1-14）。

图1-13　绿营兵阵营（正面）（《乾隆南巡图》第十卷局部）

图1-14　绿营兵阵营（背面）（《乾隆南巡图》第十卷局部）

画面向右延展则是八旗兵了。官兵分为左、右翼两大阵营，左翼地位由低到高依次是正蓝、镶白、正白、镶黄四旗（图1–15），右翼则是镶蓝、镶红、正红、正黄四旗（图1–16）。

清朝的军事控制网就是由八旗兵和绿营兵构成的，他们交错分布

图1–15　阅兵左翼阵营　从左往右依次是镶黄、正白、镶白、正蓝四旗（《乾隆南巡图》第十卷局部）

在京师和各省重镇要地，且绿营兵受八旗兵的监督和控制。

八旗兵左侧有一支着装特殊的部队，这就是清代赫赫有名的神秘的“特种部队”——藤牌军（图1-17）。这支部队成立于康熙年间，官兵身着老虎纹样的盔甲，所以又被称为“虎衣藤牌军”。据说这样的着

图1-16 阅兵右翼阵营 从左往右依次是正黄、正红、镶红、镶蓝四旗（《乾隆南巡图》第十卷局部）

图1-17　藤牌军（《乾隆南巡图》第十卷局部）

装可以惊吓到战马，因此这支部队一般用于对付骑兵，砍马腿，吓战马，无比英勇，且其所执藤牌皆用油浸过，可以防弓箭，挡鸟枪，曾在雅克萨之战及平定准噶尔等的战争中立过奇功。乾隆年间，英国使团访华时候，这一形象也被英国人描绘了出来（图1–18）。

图1–18　英国人描绘的藤牌军

校场上的八旗兵不仅依旗帜排列，还依不同兵种，分为不同方队。在藤牌军和绿营军之间的是满洲护军火器营，官兵们肩扛火线枪，严整列队。在藤牌军左侧，则是满洲骁骑营，也就是清代的骑兵，骁骑营士兵皆手挽军马缰绳，腰挎弓矢（图1-19）。

骁骑营左侧是汉军火器营（图1-20），士兵们或手持战刀，或肩扛火枪。值得一提的是，此阵营和骁骑营的官兵们都身着八旗盔甲，由

图1-19　骁骑营（《乾隆南巡图》第十卷局部）

图1-20　汉军火器营（《乾隆南巡图》第十卷局部）

于盔甲的颜色和旗帜的颜色是一致的，因此很容易分出来士兵出自哪个阵营。这种盔甲为上衣下裳式，上衣圆领，对襟，带左右护肩、左右护腋、前裆与左裆，下裳分左右两片。八旗甲以绸为地，其表面

规则地满布等距的铜镀金帽钉，月白布里，里面敷以薄丝棉。八旗盔以牛皮为胎，髹以黑漆，上面植缨管，用以安插盔缨（图1-21、图1-22）。

图 1–21 《镶黄旗旗帜及官兵图》(《乾隆南巡图》第十卷局部)
中的镶黄旗盔甲(藏于故宫博物院)

图 1–22 《正白旗旗帜及官兵图》(《乾隆南巡图》第十卷局部)
中的正白旗盔甲(藏于故宫博物院)

清代阅兵还会有比赛骑射环节。马上的骑兵在马匹飞速前进时，搭弓射箭。当然，其他人则在旁边用击鼓声和号角声来为他们加油助威（图1-23、图1-24）。一时间，赛场上马追人喊，好不热闹。

图1-23　骑射比赛（《乾隆南巡图》第十卷局部）

图1-24　击鼓助威者（《乾隆南巡图》第十卷局部）

无独有偶，乾隆皇帝曾在苏州、杭州、江宁、嘉兴等地多次阅兵，检阅军队操练，整饬营务，对所到之地的地方官员予以考核，奖惩升降。乾隆朝的阅兵开始于乾隆四年（1739），是乾隆皇帝为了庆祝自己登基而举行的大阅兵，也是其即位后首次在南苑举行的大阅典礼，目的在于彰显武功。这一情形被记录在《大阅图》第二卷（藏于故宫博物院）上。此卷上绘有一万六千余人，不仅描绘了火器营、骁骑营，还有前锋营、护军营等，而这次乾隆大阅典礼，总动员超过二万人，已经是当时的最高规格。

清代的校阅制度可以追溯到皇太极，是八旗、大臣或督抚定期检验部队教练的制度，有利于改进军事训练的手段和形式。雍正登基之后，正式出现了三年一度的大阅兵制度，叫作“大阅”，是皇帝检验部队训练成果、考察部队战斗力的隆重的阅兵仪式。大阅结束后，皇帝亲赐酒食，论功行赏。当然，后来的阅兵由最初的简单军事演习变成了彰显军威的繁复礼仪。

康熙帝曾言：“国家武备不可一日懈驰。”阅兵是一个国家军事实力的体现，自然可以起到震慑边疆和反抗者的作用。乾隆朝武功极盛，完成了国家的统一，有清一代的统治疆域在乾隆朝达到了最大面积，其统治疆域面积一度达到一千三百余万平方公里。乾隆皇帝也自诩其有“十全武功”，彰显了盛世之威，捍卫了国家主权。当然，有些战争也耗费了大量银两，劳民伤财，得不偿失。

清代在乾隆皇帝统治时期到达了巅峰。而统治这样一个幅员辽阔的大国，垂拱端坐、深居宫禁是不现实的，乾隆皇帝仿效那些雄才大略的君主，远溯汉武帝、唐太宗，近效康熙帝，四处巡幸，借此与当时的社会各界保持了联系。除却个人游山玩水的动机，南巡之举还有重要的政治和经济目的——通过南巡，乾隆帝督察河务，检阅军队，礼遇大臣，培植士子，孝敬太后，宣扬圣恩，争取缙绅，安定江浙，了解民情，维系民心，发展生产，丰富文化……总之，南巡为其创造和延续“大清全盛之势”，起到了积极的促进作用。

四、奉母南巡另有什么隐情

乾隆帝在位六十年，曾经六次南巡江浙，可见他把南巡当作自己一生中除用兵西部之外的最值得夸耀的大事。对于这两大功绩，乾隆都曾命画家绘制成图。于是，《乾隆南巡图》应运而生。

综观乾隆帝六次南巡，以第一次与最后一次南巡路线为最长，每次都要到江宁府（今南京市）、苏州府、杭州府、扬州府，后四次还巡幸了浙江的海宁。第一次，还到了绍兴祭禹陵，其他诸次并无此举。

乾隆帝六次南巡，均在初春之际离京，暮春之前回銮，看似是为了躲避北方的天寒地冻，在江南的阳光明媚中享受湖光山色、名胜美景，民间却创作出了乾隆南巡的种种野史传说。直到今天，曾经轰动一时的电视剧《戏说乾隆》《宰相刘罗锅》《铁齿铜牙纪晓岚》还在剧情中加入了很多乾隆帝的逸闻趣事，也引发了人们的好奇：乾隆南巡真是为了选秀女，为了“春游”吗？他真的卷入过江湖恩怨吗？后人有“康乾盛世”的说法，将乾隆与其祖父康熙比肩，难道乾隆徒有其表，六次南巡只是游山玩水这么简单吗？

其实，在这六次南巡中，乾隆每次都有许多复杂的用意。对于国家而言，他沿途察访吏治民情、检阅驻军、笼络民心。而对于皇室家族而言，前四次南巡时，他在途中恭奉母后，带其游览名胜，以尽孝心；最后一次，还携三位皇子同行，以增长其政治阅历。

如果说皇帝南巡的根本原因是展现盛世之君的治国韬略，那么，可以毫不夸张地说，这一举动的直接原因就是效祖、奉母。

1. 乾隆帝是真正的孝子吗

关于乾隆生母，流传下来的有很多传说，其中一种传说与南巡相关。乾隆皇帝下江南，与其身世有关，是为了探亲。还有一种说法是，奉母南巡仅仅是为了监督母亲。

在乾隆皇帝生母的诸多疑案中，有一种传说是其生身父亲为浙江海宁陈世倌。陈家在清代顺治、康熙、雍正朝共出过三个大学士，相传乾隆皇帝就是海宁陈元龙的儿子。清中期时，这种说法就已经广为流传；后世金庸先生在小说《书剑恩仇录》中，也大肆渲染了这个故事。

查阅史实不难发现，乾隆皇帝南巡到浙江海宁，曾三次驻跸陈氏“安澜园”。事实上，这个园子只是陈家的一个别院，曾以“隅园”为命名，而皇帝来此为巡察河道工程，因此赐名“安澜”。且海宁并非大城市，陈世倌家这处别院便是其最好的落脚之处。另外，孟森先生《海宁陈家》《乾隆南巡与身世》也曾提及：皇帝南巡至此时，陈世倌已经故去，探亲一说不能成立。在正史中，乾隆皇帝的生母是孝圣宪皇后钮祜禄氏，在清代的皇家家谱《玉牒》中有载。之所以乾隆生母会引发疑案，大概因为乾隆皇帝出生在其祖父仍在位之时吧。

当然，也有一种说法是，乾隆皇帝六次携母南巡，是为了监督母亲。持这种说法的是启功先生，详情可参见其文章《我所知道的乾隆与和亲王》。雍正有十个儿子，最有继承皇位可能的是第四子弘历与第五子弘昼。弘昼比弘历（即乾隆）晚一个时辰出生，在乾隆继位后被封为和亲王。弘昼由乾隆生母也就是后来的孝圣宪皇太后养大，而乾隆皇帝则由别人养大。这是由清代皇室制度决定的，即“某后妃生了孩子，必须交给另外的后妃去抚养，即亲生的母亲不能直接抚养亲生的儿子，目的是避免母子关系过于亲密而联合起来有所企图，甚至谋求皇位。这是皇室和皇帝最忌讳的事”。如此这样，割断了母子之间的血缘亲情，可谓用计颇深。失去亲子的母亲往往对自己从小养大的孩子也会产生深厚的感情。反倒是亲生母子，离别多年未免容易产生隔阂。乾隆的生母就如此，她把和亲王从小抚养大，对他感情非常深，喜爱的程度甚至远远超出亲生儿子乾隆。乾隆长大后非常了解这种感情，特别是当了皇帝之后，生母便是皇太后，其握有废立大权，因此更不得不时时加以提防，乾隆总担心太后因喜爱和亲王就借故废掉自己。因此，乾隆皇帝不得不采取谨慎周密的策略。

一方面，如我们所见，乾隆皇帝对太后十分恭敬。晨昏定省，礼仪上格外尊崇，每每母亲大寿，他都要举办庆典，太后正襟端坐在宝座上，而自己则双手捧觞亲自贺寿，殿外侍从依次排列，场面宏大（图1–25）。太后八十大寿寿宴，场面更是宏大，乾隆帝依旧侧坐陪奉，并命人绘制成作品，悬挂在皇太后起居的寿安宫中（图1–26）。不仅如此，乾隆还会亲自作诗、作画，赠予母后，甚至大兴土木，在颐和园修建大报恩寺为太后做寿。

另一方面，乾隆处处带着太后，彰显母慈子孝，自己时时侍奉在太后的左右，实则是随时监督她，以隔开她与和亲王的联系。

乾隆十六年（1751）初，经过两年精心准备，乾隆帝以“奉圣母皇太后銮舆巡幸江南”，因为这一年是乾隆皇帝生母，皇太后钮祜禄氏六十大寿，当时清帝国正处于“康雍乾盛世”的巅峰时期，以孝顺著名的乾隆皇帝，为了让皇太后高兴，不惜消耗其祖父康熙皇帝、父亲雍正皇帝通过勤勉而集聚起来的巨大财富，极尽奢华，高调出行，以给皇太后祝寿、陪皇太后游玩的名义，率领庞大的南巡队伍浩浩荡荡地踏上了南下的旅程。爱作诗的乾隆皇帝自然不忘把这一盛况用一句御制诗“亲扶凤辇举时巡”来加以记录，并命梁国治写在《乾隆南巡图》第一卷上。皇帝为讨太后欢心而安排出行，各地官员更是沿途搭建戏台迎接。这在《乾隆南巡图》中多处可见。

也有学者持不同看法，认为乾隆帝是一个极为孝顺的儿子，戴逸先生在《乾隆帝及其时代》中说："乾隆对他的母亲，感情深挚，发自天性。故礼敬有加，始终不渝。"乾隆平时三天问安，五天侍膳，对母亲的生活起居关心备至。皇太后逝世后一年之内，本来几乎每天都要写诗的他诗兴大减，作品寥寥。当然，如果把奉太后南巡、东巡等解释为孝敬，那么为何木兰秋狝也要携母同行呢？并且，非要等她病重后，才把她送回承德的避暑山庄？这不明明是对太后存有疑虑，才时

图1-25　弘历双手捧觞为母亲贺寿（《慈宁燕喜图》局部）

图1-26　乾隆为孝圣宪皇太后祝寿场景《胪欢荟景图册·慈宁燕喜图》（藏于故宫博物院）

时将其带在身边吗？奉母南巡到底是监督母亲，还是出于孝敬？乾隆皇帝赞颂母亲的养育之恩的孝母诗究竟有多少真情实感的流露，至今仍没有定论。

2. 雍正为什么不去南巡

乾隆皇帝以“敬天法祖”为自己的座右铭，言必称“皇祖”[①]，就连南巡，也是对祖父的效仿。康熙在位期间曾六次巡视江南，而由王翚等创作的《康熙南巡图》（图1–27），更是清朝宫廷画的一大杰作。

为何两位皇帝都如此重视南巡呢？为何夹在中间的雍正没有南巡过呢？这十分耐人寻味。

早在入关时，江南地区的反清情绪激昂。从康熙皇帝开始，清朝的统治者就采取了各种方法，如设立博学鸿词科、征调明朝遗民编修明史等，极力笼络前朝尤其是江南地区的文人士大夫。雍正皇帝是位勤勉、节俭的接班人，其还是皇子时，曾于康熙四十二年（1703）、康熙四十四年（1705）两次随父南巡，在增长政治阅历的同时，也看到了康熙帝常常出巡带来的种种弊端，所以他上任之后“励精图治”，要加以改变。雍正皇帝在位十三年，一直忙于政务，很少出游。照常

① 〔清〕乾隆：《御制文初集》卷二十六，《养心殿四铭》，见《乾隆御制诗文全集》，中国人民大学出版社，2013年版，第10册，第112页。

理说，雍正为南巡的亲历者，主持起来，较乾隆而言应该更加娴熟，那么，他为何没有继续父亲引以为豪的南巡之习呢？不南巡，是对父亲的叛逆吗？

每每提及康熙南巡，人们常常称作“微服私访”，听上去似乎简朴、低调，甚至有些平民化。但事实上，康熙南巡是花了大把大把的银子，只是这些银子并不是来源于国库，而是由某些地方的富裕家族承担。皇帝虽然以赏赐官爵的形式进行了补偿，而巨大的亏空是无论如何也无法在短时间内弥补的。《红楼梦》里面就有对此情形的生动写照，即第十六回贾元春将回家省亲，贾府议论预备接驾时赵嬷嬷和王熙凤的谈话：康熙皇帝南巡六次，贾府“按驾一次”，王府“也预备过一次”，甄家“接驾四次”。接驾之时，“把银子都花得淌海水似的”“银子成了土泥”“不过是拿着皇帝家的银子往皇帝身上使罢了”，“买”的是“虚热闹”。曹雪芹祖父曹寅于康熙二十九年（1690）四月被康熙提拔为苏州织造，康熙三十一年（1692）十一月，调江宁织造。康熙南巡后四次驻跸江宁织造局，就是曹寅负责接驾[①]。曹寅的第一次接驾想必是穷尽心思、极尽奢华的，因此，1703年康熙在第四次南巡前曾在李煦奏折的朱批中写道：“朕九月二十五日自陆路看河工，去尔等三处，千万不可如前岁伺候。若有违旨者，必从重治罪。”尽管圣旨

① ［美］史景迁：《曹寅与康熙：一个皇室宠臣的生涯揭秘》，上海远东出版社，2005年版。

图1-27 《康熙南巡图》第七卷“无锡至苏州”局部（藏于阿尔伯塔大学博物馆）

如此，但接驾之人丝毫不敢怠慢，事实上，皇帝也很满意曹寅的过分殷勤[①]。

雍正随父南巡就是接下来这两次，虽不及1699年那次奢华，但依旧耗资巨大，雍正目睹之后，坚决抵制。虽然后人所称的“康乾盛世”中没有出现雍正的名字，然而，雍正对盛世还是起了一定程度的推动作用。他是位求真务实的皇帝，勤于政务，少有出游，任用贤能之人为官，特别重用年轻人，对于阿谀奉承、浮夸及不作为之人，予以免职或降职，且在断定官员是非官司方面，丝毫不受蒙蔽，有自己的见解，能主持公道。雍正革除了官场的浮夸之风及康熙后期的一些弊政，虽然某些地方有矫枉过正之嫌，但确实其在位十三年间，官场贪腐现象得到一定程度的遏制，为乾隆开启了一个良好的盛世局面。

虽拥有良好局面，但一心想要效仿爷爷的乾隆则与雍正形成鲜明对比。那么，乾隆皇帝为何也是六下江南，而不是更多呢？

众所周知，乾隆跟爷爷康熙关系十分亲近，其后来被立为太子，也与爷爷的垂爱有一定的关系；而且，康熙皇帝在位六十一年，雄才大略，功绩卓著，让乾隆更是羡慕不已，他也希望做一个像爷爷那样的君主，但是，无论如何，他不愿超越爷爷，以示孝敬。乾隆

① ［美］史景迁：《曹寅与康熙：一个皇室宠臣的生涯揭秘》，上海远东出版社，2005年版。

元年，刚刚登上皇帝宝座的乾隆帝就焚香默祷："若蒙眷佑，得在位六十年，即当传位嗣子，不敢上同皇祖纪元六十一载之数。"[①]也就是说，他既希望自己能长寿，同时也不敢打破爷爷康熙帝统治六十一年的纪录，到了六十年就把皇帝宝座禅让出去。到了是日，他虽退位退得并不彻底，实际上大权未交，但仍践行诺言，把皇位传给太子颙琰。

皇位尚且如此，南巡也是这样。六下江南也是为了不超越其祖父的记录。那么，康、乾南巡有何不同呢？和康熙体察民情、俭朴低调、解决社会矛盾的出行相比，乾隆南巡多了些游赏美景、奢靡张扬、劳民伤财的味道。当然，这也与乾隆时期阶级矛盾已经有所缓和，祖辈父辈积累了众多财富有关。还有，不同于康熙每次都携皇子同行，乾隆仅第六次南巡时，携皇子永瑆、颙琰、永璘三人一同南巡（表1–1、表1–2）。

① 喻大华：《嘉庆皇帝》，人民文学出版社，2009年版。

表 1–1　　康熙皇帝南巡列表

南巡次第	康熙年龄	时间	出发日期农历（公历）	回宫日期	天数	随行成员	主要目的地
一	31岁	康熙二十三年（1684）	九月二十八（11月5日）	十一月二十九（1685年1月3日）	60		济南、泰安、镇江、苏州、南京、曲阜
二	36岁	康熙二十八年（1689）	正月初八（1月28日）	（正）三月十九[①]（4月18日）	71	允禔	济南、泰安、苏州、杭州、绍兴、南京
三	46岁	康熙三十八年（1699）	二月初三（3月4日）	五月十七（6月14日）	103	允禔、允祉、允祺、允祐、允禩、允祥、允禵	淮安、扬州、苏州、杭州、南京
四	50岁	康熙四十二年（1703）	正月十六（3月3日）	三月十五（4月30日）	59	允礽、胤禛、允祥	济南、泰安、扬州、苏州、杭州、南京
五	52岁	康熙四十四年（1705）	二月初三（2月25日）	（闰）四月初九（6月19日）	116	允礽、胤禛、允祥	扬州、苏州、淞州、杭州、南京
六	55岁	康熙四十六年（1707）	正月二十二（2月24日）	五月二十二（6月23日）	118	允礽、允禵、允祥、允禑、允禄	扬州、南京、苏州、淞州、杭州

① 该年闰三月，标（正）标明第一个三月，非闰月。

表1-2 乾隆皇帝南巡列表

南巡次第	乾隆年龄	时间	出发日期农历（公历）	回宫日期	天数	随行成员	主要目的地
一	41岁	乾隆十六年（1751）	正月十三（2月8日）	（正）五月初四（5月28日）	110	太后	江宁（今南京）、扬州、苏州、杭州、绍兴*
二	47岁	乾隆二十二年（1757）	正月十一（2月28日）	四月二十六（6月12日）	105	太后	江宁（今南京）、扬州、苏州、杭州
三	52岁	乾隆二十七年（1762）	正月十二（2月5日）	（正）五月初八（5月31日）	106	太后	江宁（今南京）、扬州、苏州、杭州、海宁*
四	55岁	乾隆三十年（1765）	正月十六（2月5日）	四月二十一（6月9日）	125	太后	江宁（今南京）、扬州、苏州、杭州、海宁*
五	70岁	乾隆四十五年（1780）	正月十二（2月16日）	五月初九（6月11日）	117	无	江宁（今南京）、扬州、苏州、杭州、海宁
六	74岁	乾隆四十九年（1784）	正月二十一（2月11日）	四月二十三（6月10日）	121	皇子三人：永琿、颙琰、永璘	江宁（今南京）、扬州、苏州、杭州、海宁

注：带*号的为并非每次南巡都去的地方。

五、两位皇后的去世为何都与巡游有关

1. 为何效祖南巡却不入济南

乾隆皇帝处处效仿康熙皇帝，南巡事宜皆照袭祖父之蓝本。唯独在南巡路线选择上，做了些许变动——绕济南而行。皇帝有南巡动念时，通常在前一年就有专人经办此事，并呈报细节给皇帝看，因为提前铺设御道等工程可谓费时费力。乾隆十四年（1749），他的第一次南巡筹备就已经开始，乾隆皇帝派向导大臣前去勘察南巡路线及沿途应设的行营、尖营。奏报称，南巡线路由北京到赵北口，在山东境内先到达济南，再经由泰安，到江苏宿迁的运河顺河集码头，旱路一千四百九十里，分为二十站。乾隆皇帝看后，于乾隆十五年（1750）批示："此内不走济南府，济南一站裁去，余俱依议。"也就是说，乾隆皇帝对整体安排还算是满意，但唯独要绕路济南。

济南地理位置优越，风光秀美，是东巡、南巡的必经之处，乾隆东巡时将其作为重要站点，康熙六次南巡，每一条路线不尽相同，但都必经济南。后来，乾隆巡游时，曾九次途经济南，而未入城。这是为什么呢？原来，孝贤皇后于乾隆十三年（1748）随乾隆东巡回程时，在济南微感寒疾，在去德州的御舟中去世。为了避免睹物思人，并且为悼念亡妻，自此，深情的乾隆皇帝南巡时再也不肯踏入济南。

高宗孝贤皇后（1712—1748），富察氏，满洲镶黄旗人。孝贤皇后

（图1-28）出身名门，其曾祖父是皇太极、顺治朝的官员，其祖父米思翰曾任户部尚书、议政大臣，其父任察哈尔总管，她的兄弟傅恒、傅清，侄子福康安、福隆安等，均官居高位，深受重用。富察氏在雍正五年（1727）被封为弘历的嫡福晋，乾隆二年（1737）被册封为皇后。乾隆十七岁时与富察氏结为夫妇，两人感情极好，伉俪情深，可

图1-28　孝贤皇后画像（藏于故宫博物院）

谓举案齐眉，恩爱无比。皇后姿容窈窕且性格温婉，懂得节俭，平时常佩戴价格相对低廉的通草绒花，不佩戴珠玉，此举是仿照先世关外之制，以此寓意“不忘本”。乾隆皇帝对这样名门淑质、孝顺节俭、宽容贤良的皇后自然钟爱异常，并称她为“贤后”。

乾隆十三年（1748），孝贤皇后随帝东巡，崩于德州御舟后，乾隆深为哀恸，皇太后亦“悲恸良久”。随后，乾隆帝命亲王允禄、弘昼恭奉皇太后御舟缓程回京，自己则在德州料理皇后丧事，并谕告天下，将在京城举行葬礼。

乾隆皇帝悲痛欲绝，追念终生，写下了数百首御制诗缅怀他钟爱的皇后，比如，“廿载同心成逝水，两眶血泪洒东风”一句，感情真挚，令人动容，是他所有诗词中最见真情的上乘之作。时人对此评述道：“纵糟糠之未历，实同甘而共辛。”[①]据《清实录》及《御制诗集》载，从乾隆十三年（1748）四月起，乾隆帝持续四十八年至孝贤皇后的灵前亲自酹酒共约百次，最后一次去时，他已八十六岁高龄。孝贤皇后葬在裕陵，乾隆往返一次要几天的时间，非常辛苦，但他不仅坚持亲去，而且每次去时还为孝贤皇后吟咏一首又一首情深义重的诗作，时而述说内心衷情，时而分享宫中大事。

正史、野史都对孝贤皇后的贤良淑德赞誉有加、口径一致，但对皇后的死却说法不一。归结起来，有如下几种说法：一是染寒疾而亡，

① 戴逸：《履霜集》，中国人民大学出版社，1987年版。

这是官方一直以来的说法。二是忧郁而死，东巡之前，所生的两皇子永琏、永琮相继夭折，令皇后悲伤过度，身体每况愈下，以致皇七子死后一年，就随之而去。三是落水而亡，在回銮的舟中，乾隆帝举行舟中夜宴，孝贤皇后加以规劝，却惹乾隆大怒，皇后不慎失足落水而亡，乾隆醒酒之后，后悔莫及。四是乾隆皇帝与傅恒夫人有私情，皇后屡次与乾隆反目，让乾隆勃然大怒，逼她跳水自尽。五是因乾隆在舟中夜宴淫乐，皇后愤然选择自尽。

事实上，孝贤皇后之死的根本原因在于连年生产使其身体极为虚弱，连丧爱子爱女更使其精神受到重创，而乾隆皇帝带其东巡本是要排解抑郁，不料旅途劳顿，活动频繁，于乍暖还寒之际染上风寒，成为其死亡的导火索。或许，如传说野史中所言，乾隆皇帝乃风流之君，“舟中夜宴”使孝贤皇后心情更加沉重和郁闷，万念俱灰，加速其死亡。

由于孝贤皇后是在济南发病而薨，乾隆皇帝虽过济南而不入，但南巡途经济南时，仍作诗悼之：第一次南巡时，途中作《过济南杂诗》三首。第四次南巡时，作《四依皇祖南巡过济南韵》，其中一句是：“四度济南不入城，恐防一入百悲生。”第五次南巡时，作《七依皇祖南巡过济南韵》云：“昔曾一驻济南城，过弗入徒余恨生（戊辰春驻济南，孝贤皇后于此遘疾，遂至不起，因不忍复至其地。后跸途屡经，率皆径过）。”第六次南巡时，乾隆皇帝在孝贤皇后去世后第八次路过济南，仍不忍入城，在这次途经济南时所作的《八依皇祖南巡过济南韵》中再次写道："八度经过弗入城，未为禅理契无生。"即使事情已经过了近三十年，乾隆五十五年（1790），乾隆皇帝八十岁时，东巡山东第九次经过济南，仍不忘此，痛作《九依皇祖过济南韵》道："历下逝仙恨岂忘，八旬偕老意难平。"并题："孝贤皇后于济南得病，遂不起，故每及之。"

另外，皇后之死还对乾隆的情绪及个性造成相当大的影响。乾隆皇帝规定皇后葬礼后百日之内不许剃头，而有些未遵循的官员，如湖广总督被处死，湖南巡抚、湖北巡抚则遭到了革职，并影响了近百名大学士、总督、尚书、巡抚等，继而引起朝廷内外一场不小的风波，而皇后病故的乾隆十三年也成为乾隆统治时期早期和中期的转折点。乾隆十三年，可谓乾隆皇帝生平中的第一变，从此，他由恭敬小心、宽大仁厚，变得逞情而为，在施展其政治才能的同时，也在施展其威严。

2. 南巡途中的皇后断发事件

《中国旅行记》[①]中曾记载了这样一个事件："皇帝中年南巡至苏州，苏州系全国出产美知人最著名之处。皇帝至其地，宠一才貌兼备之女子，

① 本书全称是《中国旅行记（1816—1817年阿美士德使团医官笔下的清代中国）》，作者是阿美士德使团随团医官克拉克·阿裨尔（Clarke Abel，1780—1826）。他以观察者和研究者的视角，记录了使团与清政府打交道的过程，还有其在中国的见闻。

欲携之北归。一太监泄其事于皇后，皇后性妒，恨极，自缢而死。”[①]

比对史料可知，有位皇后之死确实与南巡有关，然而，蹊跷的是，她却不是死在南巡路上，此记载不准确。乾隆皇帝每每南行，护从兵丁（宫廷侍卫）、后宫妃嫔、词臣画家等两千多人随行，浩浩荡荡。乾隆三十年（1765），乾隆皇帝第四次南巡，继孝贤皇后之后册立的新后乌喇那拉氏也在此列。据文献记载，一日早饭时还有皇后的名字，与皇帝一起用膳，到晚饭时，皇后的名字就没了，名字上头贴了一个黄签，后来就再无记载了。

乌喇那拉皇后究竟做了什么而忤怒圣上呢？剪发！因为皇后断发在清代是一种大忌，仅在皇太后、皇帝驾崩时才可如此，因此，乌喇那拉此举属于大不敬。乌喇那拉皇后因此触怒皇帝而被遣送回京，后被打入冷宫，第二年七月，乌喇那拉皇后幽死。之后，乾隆皇帝再未册封皇后，嘉庆母亲魏佳氏则是其死后追封的。有意思的是，在美国俄亥俄州克利夫兰博物馆藏有郎世宁及其弟子等接力所绘的《心写治平图》一轴，这幅画卷也因此做过改动。此卷绘于乾隆元年（1736），上面绘有乾隆皇帝、皇后及贵妃、纯妃、嘉妃等十一位妃嫔的画像，专供乾隆皇帝玩赏。第二任皇后乌喇那拉氏，当时为娴妃，其位置应在贵妃之后、纯妃之前（图1-29），但由于“断发事件”，其画像应该被抹去了。再看画卷上的装裱痕迹，也确实如此。

---

① ［英］马戛尔尼：《1793乾隆英使觐见记》，天津人民出版社，2006年版。

图 1-29　乾隆帝及后妃画像（《心写治平图》局部，藏于美国克利夫兰美术馆）

两位皇后之死都和南巡相关，乾隆皇帝对待两人的态度却大相径庭。孝贤皇后丧事由皇帝亲自料理，而乌喇那拉皇后待遇则完全不同。

收到乌喇那拉皇后之薨急报时，乾隆帝正进行木兰秋狝，他只发皇后之子永琪回京，自己则照常打猎。并下旨称："皇后自册立以来，虽无失德之处，但去年春，奉皇太后巡幸江浙，正承欢恰幸之时，皇后性忽改常，于皇太后前不能恪尽孝道。到了杭州，举动乖张，迹类疯迷，因此让她先行回京，在宫中调摄。"并称皇后福分浅薄，若论其行事乖违，应当予以废黜，现在已经很宽容了，并交办内务府，其死后虽仍保留皇后位一号，但丧礼按皇贵妃例办理。

那么，皇后为何剪发呢？档案文献中有何记载呢？

《清鉴辑览》称，乾隆皇帝或有寻花问柳之举，皇后因此举动乖张，内心愤恨。当然，也有学者称皇后由于自己的儿子始终没有被确定为皇位接班人，一直耿耿于怀，导致矛盾爆发，才做出这样的行为。当然，这些只是后人的推测。

这件事在朝野上下闹得沸沸扬扬，一些为皇后鸣不平的大臣遭到了革职流放的惩处。长久以来，乌喇那拉皇后的葬身之地也是一个谜，其未入葬乾隆的裕陵，也未被单独营建陵寝，其葬地问题，《大清会典》《清实录》皆无记载。后人于1981年探挖裕陵妃园寝中的一个地宫时，才意外地发现这位皇后竟葬在了纯惠皇贵妃的地宫之中，至此，两百多年的葬地之谜终于大白于天下。其虽为皇后，竟然葬在了其他皇妃的地宫中。陵寝祭祀规定，乌喇那拉皇后无祭享、无神牌，亦不给谥号。要知道，谥号是朝廷颁给丧者的特殊封赠，是对其一生功过的盖棺定论，古人极为看重。不封谥号，这在当时是最严厉的惩罚了，使后来凭吊之人无所适从。另外，乌喇那拉皇后的棺具也极为低劣。清代后妃的棺具因等级不同而大有差异，帝后的称“梓宫”，皇贵妃、贵妃、妃、嫔的称“金棺”，贵人以下的称为“彩棺”。而乌喇那拉皇后的棺具虽称为“金棺”，但实际并未用金丝楠木制成，而是取杉木。

从这一不合礼制的做法中也可见，直到乌喇那拉皇后被埋葬之时，皇帝的怒火都没有消散。甚至事后十余年，乾隆四十三年（1778），乾隆东巡时，锦县生员金从善上书涉及立后和立储之事，乾隆皇帝大怒，仍对乌喇那拉皇后剪发之举耿耿于怀，称“国俗忌剪发，而竟悍然不顾，朕犹包含不行废斥”。金氏因此遭坐斩，从此才无人敢提此事。从这句话可见，乾隆皇帝迁怒于皇后南巡时的所作所为，数十年怒气都没有消散，且觉得自己没有废其名号已经算“仁至义尽”了，由此我们也就不难理解乌喇那拉皇后死后所受的待遇了。

虽然乾隆南巡过程中的一些疑案或多或少影响了朝廷的声誉，但六次南巡实现了清朝“马上治天下”的传承，体现了乾隆皇帝的治国理念。通过南巡，乾隆不仅起到了孝行天下的表率，更彰显了自己的家国情怀。然而，如此大规模的巡幸活动究竟是谁来埋单呢？是皇室家族，抑或国库？或者，另有其人？下章再详叙。

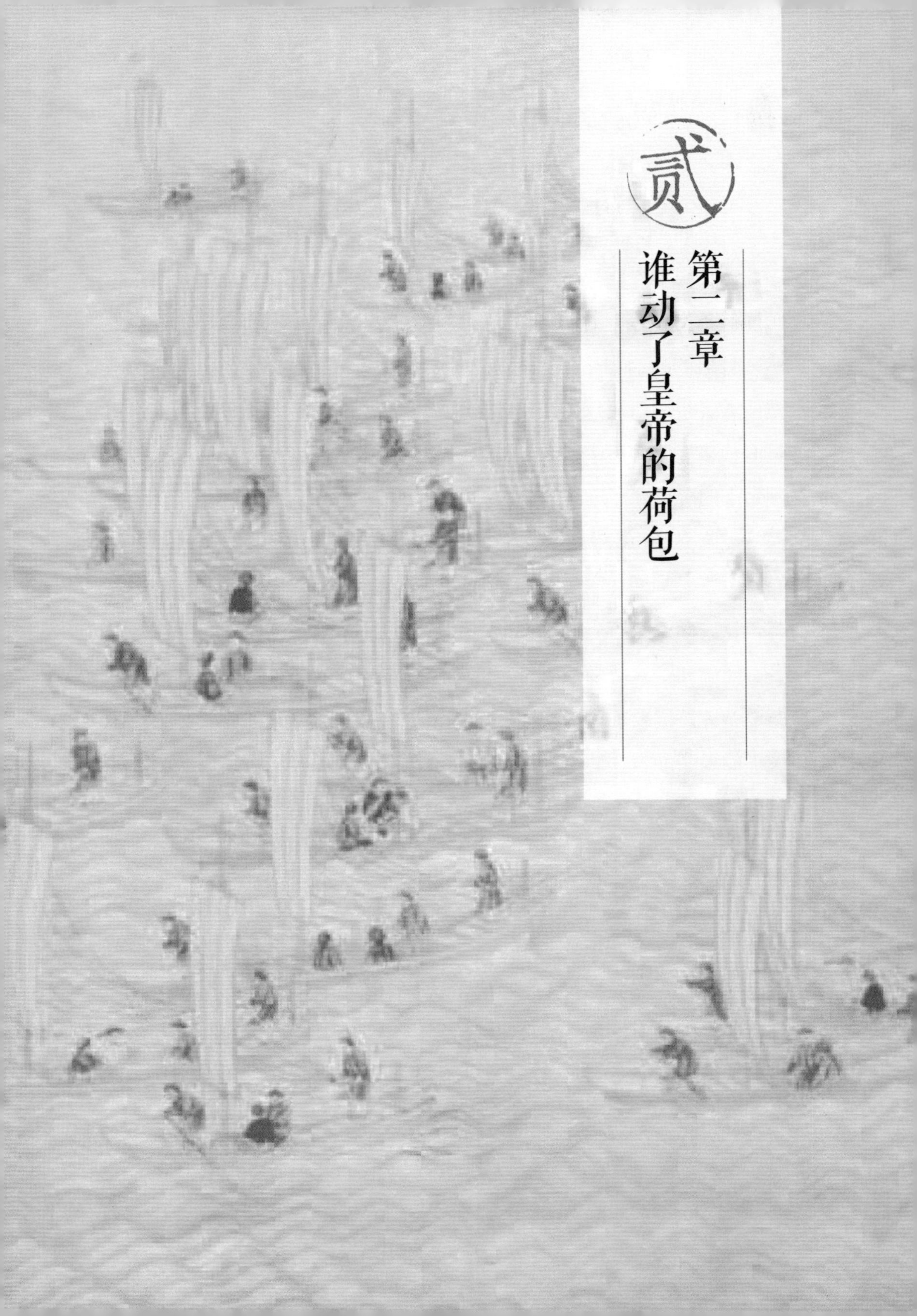

贰

第二章 谁动了皇帝的荷包

乾隆时期，清朝国力达到全盛，如上一章所描述的那样，政治有序，社会稳定，手工业繁荣，文化发展，农业发达，人口达到三亿多，国库储备有七八千万两黄金，国家稳定统一，这得益于以皇帝巡游之治为代表的政治韬略。然而，这位“马上天子”在巡幸时，耗资和浪费巨大，也为日后埋下了一定的隐患。在所有的巡幸活动中，南巡最具有代表性。接下来，我们就从经济角度来看一下乾隆南巡给大清帝国带来的得与失。

乾隆皇帝每次南巡，准备工作提前一两年就开始了。这种准备工作既紧张又周密，主要是在京城和南巡沿途进行。向导人员首先去探路，然后储备物资、铺设御道、准备交通工具、运输物资、修建行宫等，随后才是众多随从、侍卫、词臣等跟随皇帝去南巡。这样的大场面巡游究竟需要耗资多少呢？这些银子又是从哪里来的呢？对于家国天下的皇帝而言，他这样的巡游会不会对国家的经济有所影响呢？如果有，影响究竟有多大呢？下面，一一加以盘点。

一、南巡前的准备事宜

早在每次南巡之前，乾隆皇帝就对南巡重要事宜作出指示，包括时间的确定、向导人员的派出、费用的开支，以及沿途的准备等，这些都被记载到了《南巡盛典》“恩纶”中：“清跸所至，简约仪卫，一切出自内府……”①

这就为乾隆南巡定了一个基调——力求简朴。南巡之前，乾隆先派尽可能少的向导人员去探路，出行的仪仗与卫士要由内务府安排，尽可能不用劳烦其他官员。并且，沿途驻跸留宿的地方，待的时间不宜太长，几天为宜。同时，乾隆提及以前去山东东巡时，耗费很多物力，追求华丽，已命令其整顿了，不让江南等各省效仿。

此外，皇帝还特地嘱咐道：南方多古迹名胜，只需要打扫干净即可，不需要装饰，只是临时驻足观赏。如果有坍塌需要维修的建筑，要用官府和淮商的钱款，不可以虚报。民间也不要张灯结彩，要谨记康熙皇帝的训诫，不宜奢华。要共同遵循祖训，不以奢华为风尚。对此，筹备人员和接待人员都应该做到清楚明白，然后去在各自工作中加以贯彻（图2-1）②。

---

① 《南巡盛典》卷一“恩纶”载：“向导人员，朕酌量先期简派前往。清跸所至，简约仪卫，一切出自内府，无烦有司供亿。至行营宿顿，不过偶一经临，既暂停亦不逾旬日。前岁山左过求华丽，多耗物力，朕甚弗取，曾经降旨申饬，明岁晋、豫等省以及江南不可仿效。”

② 《南巡盛典》卷一“恩纶”载：“至名山古迹，南省尤多，亦只扫除清洁，足备临观而已，无事崇饰。倘有倾圮，随宜补葺，悉动用官项，且有吉庆所奏淮商愿捐之项可以报销，但当核实，不得任有司浮冒。其民间张灯结彩，圣祖尝以为戒，载在方册，宜共恪遵，其慎勿以华侈相尚，所司当通行晓谕。”

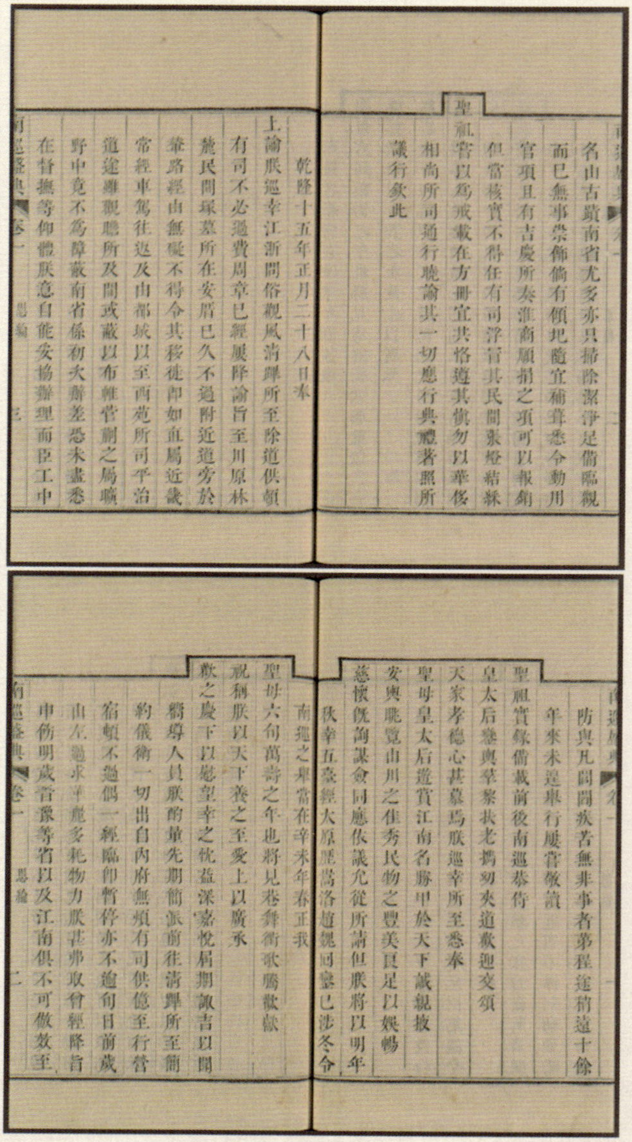
名山古蹟南省尤多亦只掃除潔淨足備臨觀
而已無事崇飾備有傾圯隨宜補葺悉令動用
官項且有吉慶所奏淮商願捐之項可以報銷
但當核實不得任有司浮冒其民間張燈結綵
聖祖嘗以為戒載在方冊宜共恪遵其慎勿以華侈
相尚所司通行曉諭其一切應行典禮著照所
議行欽此

乾隆十五年正月二十八日奉
上諭朕巡幸江浙問俗觀風清蹕所至除道供頓
有司不必過費周章已經屢降諭旨至川原林
麓民間塚墓所在安厝已久不過附近道旁於
輦路經由無礙不得令其移徙即如直隸近畿
常經車駕往返及由都城以至西苑所司平治
道塗嚮觀聽所及間或藏以布帷嘗剷之屬曠
野中竟不為障蔽南省係初次辦差恐未盡悉
在督撫等仰體朕意自能妥協辦理而臣工中
南巡盛典 卷一 恩綸 三

南巡盛典 卷一
防輿凡閭閻疾苦無非事者第程途稍遠十餘
年來未遑舉行屢嘗敬讀
聖祖實錄備載前後南巡恭侍
皇太后鑾輿羣黎扶老攜幼夾道歡迎交頌
天家孝德心甚慕焉朕巡幸所至悉奉
聖母皇太后遊賞江南名勝甲於天下誠親掖
安輿眺覽山川之佳秀民物之豐美良足以娛暢
慈懷既詢謀僉同應依議允從所請但朕將以明年
秋幸五臺經大原歷嵩洛遄魏回鑾已涉冬令

南巡之舉當在辛未年春正我
聖母六旬萬壽之年也將見巷舞衢歌騰歡獻
祝稱朕以天下養之至愛上以廣承
歡之慶下以慰望幸之忱益深豫悅届期諏吉以聞
嚮導人員朕酌量先期飭派前往清蹕所至簡
約儀衛一切出自內府無煩有司供億至行營
宿頓不過偶一經臨即暫停亦不逾旬日前歲
由左巡求孚鹿多耗物力朕甚弗取曾經降旨
申飭明歲晉豫等省以及江南俱不可倣效至
南巡盛典 卷一 恩綸 二

图2-1 《南巡盛典》卷一“恩纶”

1. 行前准备

“兵马未动，粮草先行。”对于京城方面筹划南巡的人来说，南巡亦如战争。乾隆首次南巡一事决定之后，向导大臣兆惠（正黄旗护军统领）、努三（正蓝旗护军统领）就开始了紧锣密鼓的考察安排工作。他们前往河北、山东、江苏、浙江四省，会同当地的总督、巡抚等共同勘察巡行路线及沿途应设的皇帝休息住宿之所。此次勘察初步设定了南巡路线，安排了沿途住宿、休息的地方，并按照皇帝的意思，尽量不扰民，选取了便于修葺的道路来规划，往返共五千八百四十里，分为九十七站，平均每天行走六十里①。考察好了路线，接下来的工作就是整修道路，预备马匹、车辆、饲料，安设驿站，预定扈从官兵的安营制度等。

（1）道路与交通工具

首先是铺设御道。有些地方需要修桥，有些地方需要垫道，以确保道路畅通。同时，御道要求标准很高，帮宽三尺，中心正路宽一丈六尺，两旁马路各七尺。要求路面坚实、平整，弯道要取直。此外，石桥石板处，都先用黄土铺型。所经之处，一律用清水泼街，因此还要多备水缸以便洒扫。御道铺设费用一般从国库中支出（图2-2）。

其次是交通工具。旱地交通工具一般是马匹、车辆，水路则须乘舟。一是由于南巡随从众多，陆路交通需要很多马匹，马匹难免中

---

①《南巡盛典》卷一“恩纶”载：“所有分派营盘、中伙、道路、桥梁，皆仰体圣意筹画，不扰民间坟茔，不伐树木，不拆毁房层。路虽稍觉绕道，惟取易于修葺，期于公私有益。”

图2-2　打扫御道（《乾隆南巡图》第一卷局部）

途疲困，需要更换。同时，还要筹措大量草料。这些草料一般与商民事先预订好，行经时由商民卖给官兵。二是车辆，这些车辆供一部分内廷后妃等乘坐，另一部分装载出巡时携带的大批行粮、赏赐物品以及御用物品。拉人的骡马一般要事先经过训练，确保行走稳健。这些车辆一般由内务府向所经之地州县雇用。

再次，水路交通需要准备船只。乾隆皇帝南巡船队包括大小船只一千余艘，船队所经之处旌旗蔽空，浩浩荡荡。最前面是乾清门侍卫和御前侍卫乘坐的船只，皇帝所乘的御舟称“安福舻”和“翔风艇”，位于中间，后面还有内阁官员乘坐的船只。仅御舟所用拉纤河兵就有三千六百人，分为六班，每班六百人。河兵一般由壮丁和民夫充当，非正规部队。御舟经过的港汊地方、桥头村口，还有士兵守护，禁止百姓的船只出入。

最后是驿递工作，要确保巡幸期间国内外大事可以随时奏报皇帝，同时皇帝的谕旨也能随时被传递到各地。因此，南巡沿途所有驿站都需要整顿：马匹不够的要照数补齐；两站之间距离过远的，要添设驿站，有些地方根据需要还要补设驿站。

（2）住宿与运输

首先是行宫修建。行宫一般由商人出资兴建，规模较大，且极具气派。如天宁寺行宫，有楼廊房屋五百多间，皇帝起居、听政、游乐等各种设施一应俱全。再如盐商修建的扬州高旻寺行宫，有前、中、后三殿，亭台楼阁数百间，包括茶膳房、西配房、画房、西套房、桥亭、戏台、看戏厅、闸口亭、亭廊房、歇山楼、石版房、箭厅、万字亭、卧碑亭、歇山门、右朝房、垂花门、后照房等，内部陈设有古玩珍宝、花木、竹石、书籍、字画、瓷器、香炉、挂屏等，完全迎合皇帝的文化趣味。

除行宫外，南巡沿途住宿休息之处还有行营、尖营。行营，又名御营，指皇帝出巡临时建立的驻跸处所，一般为黄布城和帐房。御舟停靠的码头上，设五十丈的大营并铺陈棕毯，供皇帝住宿。码头上还设有备用的四方帐房、圆顶帐房、耳房帐房等。这些帐房在乾隆皇帝的船队出发后就被拆掉了。另设尖营，亦被称为中伙、乌墩，以备圣驾中途小憩（图2–3）。

说完皇帝的住处，再来介绍下扈从大臣官兵的安营制度。在这方面，早在乾隆皇帝巡幸盛京时，已有经验。乾隆八年（1743），总理室营事务和硕庄亲王允禄等人的上奏，对这一难题安排得当[①]。南巡所到

① 其奏文道："凡遇銮舆行幸，扈从大臣官兵人寺安营谷有定处：宗室王公，应左管声音堆拨外就近之地。大臣等应随领侍卫内大臣所指之地。未入班之满汉官员及侍卫、拜唐阿等，各随其班次，章京、护军各随本旗之纛。镶黄、正红、镶白三旗在营后（指御营之后），正黄、镶红、镶蓝三旗在营西，正白、正蓝二旗在营东。（近年来，渐不遵照旧例办理。）今酌定章程，分为左右翼，宗室王公、大臣、满汉官员，以及侍卫、拜唐阿、章京、护军、八旗等，仍遵向例安置。其拴马支杆，应设于正门銮仪卫巡更处。皇上起行，应设于管声音堆拨内。皇太后起行，应设于正门左穿堂帐房次层帐房之间。再各部院总管衙门所属官员，内务府护军及太监等，亦令分别安置。其别项人等恐无约束，应特派章京四员并护军校、护军等分别指示。其蒙古人等仍交理藩院，令于大营十数里外安设。前后牧马人等，随时起行，不准黉夜出入哨内。"

图2-3　回避幔帐与尖营（《乾隆南巡图》第六卷局部）

之处，都要想尽一切办法，确保乾隆皇帝巡幸期间的绝对安全，同时，为皇帝处理政务创造便利条件。当然，巡幸人员众多，车辆马匹众多，为避免道路堵塞、破坏农田，也需要动一番脑筋，比如，分批前往。一般来说，所有行营应用之帐房、布城等项及应预备的物品，要先行启程，在需要用到的地方预备等候；安保人员如侍卫、章京、护军酌情留用一部分外，其余的人分批预先启程。具体落实事宜则由统筹行营事务的大臣等来安排。

南巡期间皇帝用膳标准、生活起居方面的条件和设施并不比宫中差，每天早晚依旧有击鼓奏乐，亦有专门机构——御膳房和茶房来负责其饮食。为确保食材供应充足，膳房所用羊一千只、牛三百头，茶房所用的制作奶茶点心的奶牛七十五头，都要提前从京城运往各地；每天的泉水、冰块也供应不断。乾隆皇帝对饮用水很讲究，在直隶用京西玉泉山泉水，在山东用济南珍珠泉水，在江苏用镇江金山泉水，在浙江用杭州虎跑泉水。另外，乾隆皇帝有一个特制的艮斗，可以用来测量泉水，从而判定泉水的等次。此外，巡幸途中御膳房还需要准备食用的米、面和鸡蛋、豆腐等副食，以及预备一些时令水果等。

2. 各地接待

就在京城紧锣密鼓筹备南巡事宜的同时，地方官员、商人也在为迎接皇帝做着精心的准备。《南巡盛典》虽然提及乾隆皇帝力求简朴，要求对名山古迹，只须扫除清洁，倘有倾圮坍塌的，对其进行补葺即可，但实际工作，远不止如此。地方官员、商人还要准备组织迎驾人员，准备祭祀、筵宴等。

（1）地方官员

前文提及皇帝颁布诏书曰："其民间张灯结彩，圣祖尝以为戒，载在方册，宜共恪遵。"然而，乾隆皇帝南巡的御道上彩棚相连，形成了一道特殊的风景。这些彩棚一般由地方官搭盖，缘由是皇帝回銮时临近五月天气，搭盖天棚用来遮阳。最初的时候，只是回程的某些地方搭建，然而后来地方官相互攀比，无论地点和行经季节，一律搭建，以求营造出一种喜庆气氛。在运河两岸，也安排了一个个办事草亭，实际无甚用处，但其小巧别致、各具情态，倒是成了运河两岸的一道风景，专供皇帝欣赏。《乾隆南巡图》中就有关于张灯结彩的描绘，由此可见，乾隆皇帝虽提倡简朴，但并不排斥这些铺张行为，实际上也是持默认的态度（图2-4）。

为了迎接乾隆皇帝巡幸江南，地方官员对南巡途中的环境需要事先清理打扫，而建筑名胜则需要修葺甚至大规模整修，还有一些需要进行油饰彩绘。建筑内部有些铺垫陈设需要更换，有时候还要增加一些陈设物；有些建筑物门上还要加皮条，方便打开关闭。周边还要做些准备工作，以方便车轿通行。同时，让宫殿周围居住的百姓暂时搬迁，在皇帝行经处，设置围幛，以示回避（图2-5）。当然，这也是为了保证乾隆皇帝的安全。此外，有些街道要打扫干净，一些人家养的鸡、犬、猪等要送走远避，以免污浊空气。

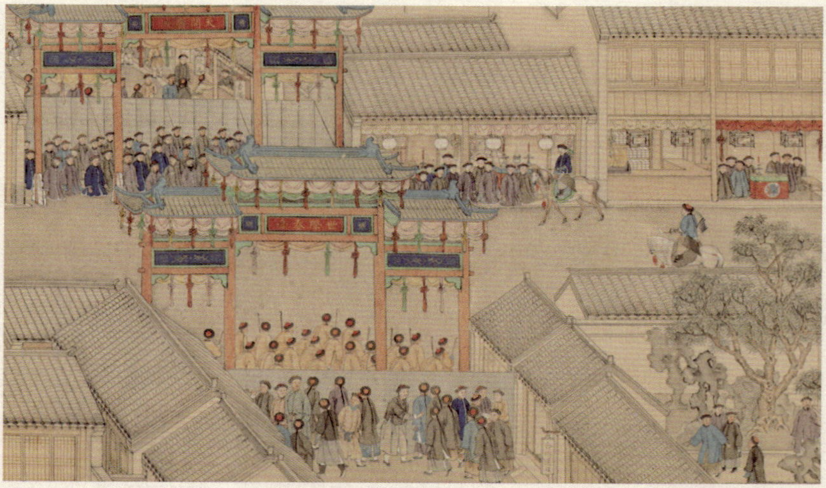

图2-4　装饰一新的牌坊（《乾隆南巡图》第六卷局部）

图2-5　围幛后回避的官民（《乾隆南巡图》第六卷局部）

乾隆皇帝喜欢排场，也喜欢所到之处官民接驾、高呼万岁，因此南巡前会有专员到各地教演迎送仪式。《万笏朝天图》(图2-6)就有对此场景的描绘；另外，在《乾隆南巡图》第六卷中，也有局部体现。皇帝南巡途经的三十里地以内，地方官员都要穿朝服前往迎接，还有士绅、年老的百姓、命妇等也需要在开阔地跪伏(图2-7)。乾隆帝提倡尊重老人，在宫中举办过“千叟宴”，邀请七十岁以上的老人来京城赴宴。而南巡之时，途经地的老人要来迎接，且八十岁以上者穿黄布或黄绢外褂，手执高香。另外，沿途有些地方并不回避人群，是由于乾隆皇帝希望看到南巡时有更多百姓欢迎的场面，因此百姓蜂拥而至，争相一睹圣颜。如乾隆帝游扬州上方寺时，寺院周围聚集了成千上万的

图2-6　接驾仪式演练的场景(《万笏朝天图》局部，藏于天津博物馆)

图2-7　命妇接驾（《乾隆南巡图》第六卷局部）

百姓，甚至南巡队伍离开以后，人们还在那里拥挤观看。

除了修葺、清扫风景名胜，确保沿途畅通，组织官民接驾演练外，地方官还要准备皇帝南巡时举办的各种宴会，有关工作也必须事先做好。例如，采买筵宴所需的食材，如米、面、干鲜果品等。筵宴举办场所要提前安排装饰好，所需要的桌椅等物件不能有陈旧残坏的地方，若有，就需要修补或者更换新的。

除了这些日常需要的一般准备工作外，还有特殊的工作要做。比如，乾隆皇帝南巡时要在绍兴拜谒禹陵，地方官就要准备谒陵工作，包括核查器皿是否齐全，接驾工作是否做到万无一失，祭祀用品是否清洗干净，谒陵礼仪有无疏漏，还要事无巨细地准备各种小的物料，如桌椅、祭物等。再比如，皇帝要在江宁阅兵，阅兵的地点、人员、日期、行程安排等都要费一番心思。

当然，有些地方官为了讨得皇帝欢心、确保自己升迁之路顺畅，还会不惜成本，耗费资财，花样翻新地组织一些活动。乾隆皇帝途经苏州前，地方官为突出地方特色，组织伶人排演昆曲，沿途搭建戏台，并精心装饰（图2-8）。再有，迎合皇帝喜好，大肆修建园林，使得本已荒芜成为民居的“狮子林”，被美化成了一座风景秀美的江南名园。乾隆帝第五次南巡时正是元宵节前后，所经州县纷纷进呈烟火杂戏。直隶新城知县还特地准备了一种功能特别的爆竹，不料燃放时误动机关，烧伤了人，制造了一起震惊朝野的爆炸事件，朝鲜使臣还把这一事件报告给了本国国王。途经镇江时，地方官在运河岸上布置一个巨大的仙桃，还有绿叶映衬，颜色红翠鲜艳。当乾隆皇帝的御舟临近时，突然烟火大发、鞭炮齐鸣，巨大的仙桃轰然分开，原来桃内是一个可以容纳数百人

图2-8 戏台与拉御舟的纤夫（《乾隆南巡图》第六卷局部）

的剧场。一旦乾隆皇帝御舟停靠，剧台上便开始上演《寿山福海》戏。

（2）富商巨贾

江南商人为了筹备皇帝南巡，与地方官相较，更是绞尽脑汁、花样百出。因为他们平日依靠官府，利用所拥有的经济特权取得大量钱财，生活奢侈，有些盐商甚至富可敌国。由于他们与封建官府存在严重的依附关系，趁乾隆皇帝南巡如此大好良机，自然会煞费苦心，积极参与筹办各种工程，以便赢得新的荣誉和权势。具体来看，商人参与南巡事宜有如下几种形式。

一是捐资。“……吉庆所奏淮商愿捐之项可以报销，但当核实，不得任有司浮冒。”本章开头便提及，乾隆皇帝是认可南巡时商人捐资的。第一次南巡时，就有淮商捐资。在第三次南巡时，两淮盐商捐资一百万两白银。第五次南巡时，除了两淮盐商捐资一百万两白银外，两浙商人又捐资六十万两白银。在第六次南巡时，两淮盐商继续捐资一百万两白银，长芦盐商又捐资十万两白银。乾隆皇帝通常欣然接受这些捐资，后把这些银两中的部分拿来充作南巡时各地办差及赏赐之用。

二是直接办理接驾事宜。地方官虽然负责组织接驾，但实际一些事宜是由当地商人承办的。商人的参与，自然进一步提高了南巡接驾的规格。

出资兴建南巡行宫是商人们的接驾事宜之一，前文中也提及，商人们不仅斥资大肆兴建，还在行宫中布置古玩珍宝、花木竹石不计其数。乾隆皇帝第一次南巡时，扬州平山堂行宫本来没有梅花，商人们捐资植梅一万株，作为景色点缀，乾隆皇帝南巡时看到满眼梅花后，非常满意。

大兴土木，营造各种园林风景，也是商人们的接驾事宜之一。扬州是盐商的重要驻地，为了乾隆皇帝南巡中休憩，十八家富商出资建造园林亭台。同时，在扬州城郊数百亩荒地上，仿西湖风景，建筑亭台楼阁。其中一个湖泊叫“三仙池”，为两淮八大盐商之一的汪氏召集工匠修造的，耗费数万金。水池修好后的第二天，乾隆皇帝就看到了，并对汪氏大加赞扬。

除上述方式外，盐商也会别出心裁地安排其他接驾事宜。如每每乾隆南巡时，长芦盐商都在直隶保定府用苏杭一带产的名贵彩缎扎成形状各异的布棚，像宝塔，也像楼台，供皇帝南巡时观赏。另外，在行宫中、御舟航行时搭设戏台，组织戏园名角现场表演。乾隆皇帝对这种因地制宜、独出机杼的戏剧表演非常欣赏。再有，乾隆皇帝在游览瘦西湖大虹园时，觉得景致有些像北海琼岛，但缺少白塔，随口说出后，盐商连夜运来盐包，外面用绫罗裱糊，连夜砌出了一座白塔。第二天，乾隆游湖观赏时感慨：“扬州盐商财力之伟哉，吾亦有所不及！”这就是至今还在流传的“一夜造白塔”的传说。此传说真实与否至今难考，但在今天的瘦西湖莲性寺中，确实有一座“白塔”，又名“喇嘛塔”，仿北海白塔样式，兴建于乾隆年间。其样式奇特，像一只瓶，又像僧人戴的金刚盔；塔身皆白色，葫芦形塔顶为金色。据说初建成时，塔上还有青铜璎珞、镏金铃铎，中空的塔身曾供奉观音佛像，晚上里面可以燃灯。此塔就是当年扬州的地方官、盐商博取乾隆皇帝赞赏而留下的物证。

三是供应日常所需，进献礼品。皇帝一行南巡队伍庞大，商人除提供一部分日常开支，还负责组织安排其他相关事宜：柴火、木炭等大量耗材准备得充足而迅速；为沿途厕所添置盆盂，并加上木盖，供南巡一行人及纤夫、民工等使用；出资征调服务南巡的民工；安排宴会，其酒食菜肴极为珍美，工艺细致繁复……

再有，南巡过程中沿途的士人绅商一般都会进献礼品，当然皇帝也会回赏。一般士子们虽社会地位高，但并无资财，所以只能进献些诗赋、字画和文集等格调高雅之物。而商人们资财雄厚，进呈礼品名贵珍稀，种类繁多。乾隆皇帝第二次南巡时，长芦盐政进献绣缎，价值三千多银两。第三次南巡时，长芦盐政官员金辉夫妇进献香纱、果脯、宫扇、念珠、金锭、手珠、曹扇等物，价值四千两白银有余。第五次南巡时，浙江商人姚经进献名贵古猗园玉件。并且，进呈的礼品中还有文房四宝以及食物等，都很珍贵，且具地方特色。

乾隆三十三年（1768），两淮盐商为招待皇帝南巡所花费的银子就有四百六十七万两之巨[①]。

二、南巡的钱从哪里来

从上节所述可见，乾隆皇帝南巡前要做大量筹备工作，耗费大量

① 赖惠敏：《乾隆皇帝的荷包》，中华书局，2016年版。

人力、物力。这一节，我们来看看皇帝的财务状况，毕竟南巡也是需要经济实力作为支持的。本章开头也有交代，这些钱来自国库和商人捐资，接下来，我们不妨来细究一下这些银两的具体出处。

1. 皇帝的小金库

（1）小金库与国家财政

“普天之下，莫非王土；率土之滨，莫非王臣。”上一章，我们提到了“家国天下事”。对于皇室而言，确实可谓家国合一。然而，在经济方面，中国历史上的很多时候，皇室财政与国家财政是分开的，即在管理机构、来源与支出等方面都做了划分，以示公私有别。比如，北宋皇帝赵匡胤就专门设立了内府之一的“封桩库”，把国家财政结余的钱作为财政准备金，久而久之就成了皇帝的小金库。当然，国家有难时，大臣也会想方设法让皇帝“慷慨解囊”。也有些皇帝为了小金库的充盈，会想一些办法来敛财；还有些在危急时刻也不愿意拿出钱来。

清代皇帝一度不再设立小金库存留私房钱，而是由户部统一管理财政，皇室花销统统向户部支取，真正做到了家国天下，然而，却出现了一些财政危机。后来，清代成立了内务府，专门管理皇室财政，与主管国家公共财政的户部各司其职，户部每年向内务府拨交一定数额的银两，作为皇室开销。有些皇帝为了打造自己节俭爱民的仁君形象，自然不会主动向户部伸手要更多银两，然而又不想自己的花销受到约束，因此也会想一些办法来补充内务府资产。比如，乾隆时期的“议罪银”，就是和珅帮助乾隆皇帝充实荷包的一个招数。

虽看似两线并行，但很多时候，两者是交叉难分的，实际上，国家财政的支配权也在皇帝手中，因此很难做到绝对的分开，这也是包括清代在内的中国历代皇家财政与国家财政关系的一个基本特点。

（2）小金库的资金来源

清代皇家的财政收入被称为“皇银内帑”，也称“皇帑”，说白了就是皇帝的私房钱。其有多种来源，可以归纳为三种：一是出租皇家庄园和土地所获的租金，即皇室凭借拥有的庄田所获得的收入。有些皇庄以纳粮为主，而有些则以纳银为主，还有些则为皇室提供四时瓜果、蔬菜等。二是通过做生意、放贷来生钱，如内务府控制皮货与人参的交易（图2-9），还会经营当铺，最初是借钱给官员，从其俸禄中按季扣除；后来依靠“生息银两”，也就是将本银放给皇商，即皇家的“买卖人”，皇商用此经营盐业、贩卖毛皮茶叶、去日本贩铜等。三是来自各地大臣、属国的进贡——清代皇家每年收入大量贡品，如绸缎、高丽纸、高丽布、扇子、氆氇、白丝、胡椒、香料……这些用品多供皇家使用、赏赐，用不完的就发售变卖。在《红楼梦》中，贾府就有些“内造上用”的宫花、茯苓粉、俄罗斯雀金裘之类的物品，还有“成窑五彩小盖盅”，估计就是购买皇家贡品而来的。据统计，乾隆时期，每年内务府收入有六十万到八十万两白银。

图2-9 兑换人参的店铺（《乾隆南巡图》第一卷局部）

当然，也会有其他的赚钱渠道，如收“议罪银”、抄家等。“议罪银”即交钱赎罪，就是皇帝较为得意的创收之举。官员若缴纳罚款、赃款，可减罪，但交多少钱，自己看着办；再有就是罚俸，以及抄家所得等。通过上述这些创收途径得来的数目总共有多少，其实并没有人知道。这部分所得也是不可小视的。乾隆皇帝驾崩后，嘉庆帝宣布和珅的二十条罪名，下旨抄家，据说抄得白银多达八亿两。而乾隆年间清廷每年的税收，不过七千万两白银。因此，民间有“和珅跌倒，嘉庆吃饱”的说法。

（3）小金库的管理者

再来了解下皇帝小金库的管理机构——广储司。皇上的日常用品都储存在广储司，其隶属于内务府，也是内务府中地位最高的机构，掌管着财务出纳和库藏。在广储司任主事的人都是皇帝亲信，“设六库以储上用”，广储司下设六库，即银库、皮库、缎库、瓷库、衣库、茶库，负责收领、保管和提供皇帝所需银两、珠宝首饰、皮毛缎疋、衣帽靴袜、人参茶叶、犀角象牙等。六库之下还设有银作、铜作、染作、衣作（图2-10）、绣作、花作、皮作、帽房（图2-11）、针线房等，分别承制各项物品。

这么多钱，既不是由户部衙门，也不是由皇帝亲自出面收纳，而是由专门的机构——内务府负责经营。

内务府的前身是清兵入关之前的内府，主管皇家宫廷事务，入关之后，皇帝直属的上三旗“包衣”也充斥其中。“包衣”是满语音译词，即家仆的意思。上三旗相对于下五旗而言，指镶黄、正黄、正白三旗。上三旗包衣专门服务于皇室，也是皇帝最信任的一类人；而下五旗包衣则多服务于宗室贵胄。作为皇家财政代理人、皇帝的亲信，内务府人员、机构分散于税关、盐政、官庄等财源重地，小心翼翼地呵护着皇帝的钱袋子。内务府下设七司三院，其中广储司掌管库藏与出纳，虽然这里有很多金银财宝，但也只是乾隆帝的私人金库之一，另两处机构是圆明园银库和养心殿造办处银库。

作为乾隆帝钱袋子的象征，内务府不只扮演财富储存、输送者的角色，还具备自我开拓财源的功能。比如，在各地开设当铺营利生

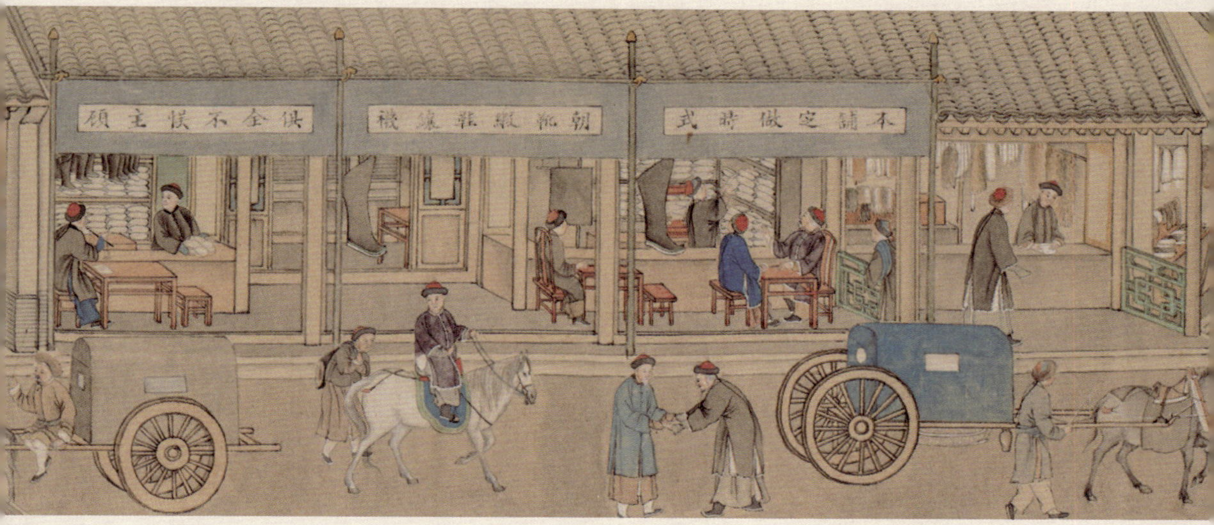

图2-10　民间定做“朝靴缎鞋镶袜”的店铺（《乾隆南巡图》第一卷局部）

图2-11　民间售卖帽子的店铺（《乾隆南巡图》第一卷局部）

息，征召皇商[1]经营皮毛、珠宝玉石、麝香鹿茸等生意并抽取利润，参与放贷生意坐收利息，以及变卖人参、各地岁贡、各国贡物等。其中，卖人参赚的钱特别多，乾隆十五年到乾隆六十年间，卖参收入高达一千一百余万两白银。这些业务足以体现内务府的商业头脑。

当然，皇帝的小金库并非只进不出，要每月定期支付皇族的月例用度，供养庞大的皇家宗族，不仅需要按月支出银两，还有其他生活物资等。

2. 南巡耗资

如本章开头所述，《南巡盛典》记载，乾隆帝有动用官项和淮商捐资分别报销的谕旨，也就是说，南巡除了耗费国库的银两，还有商人的赞助。后来，乾隆帝还要求专款专用，如道路、桥梁、码头、尖营、茶棚等类动用官府银两，而行宫、名胜及附近上山道路、铺垫、陈设等类则用两淮盐运银库的商捐银两。

据历史学者张勉治保守估算，乾隆皇帝及其扈从南巡每次平均所用的人力和运输装备具体如下：一万八千辆车（约九百辆是供贴身随从使用），两千四百头骡子，两千二百头骆驼，三千四百五十艘船（图2-12），一万八千到两万匹马（约六千头是供贴身随从使用），约

① 皇商，即专门为皇家经营商业活动的人。他们从内务府领取商业活动的本钱，并享有减免税收的优待。

图2-12 乾隆南巡途中随行的船（《乾隆南巡图》第五卷局部）

三十万名纤夫、人夫及施工人员。数量如此庞大的马匹、车辆、船只、物资供应，不亚于一场战争的后勤准备，所以，可以毫不夸张地说，乾隆南巡的后勤面临着挑战。

（1）京城开支

乾隆皇帝南巡时，京城、地方及商人都要做准备，因此南巡的基本开销也可以分为这三个方面：一是京城方面的支出；二是南巡沿途各省的支出；三是地方或是私人的隐性支出。

首先来看京城方面的支出。一方面是在南巡途中赏赐给所有皇帝贴身随从的薪俸和津贴，另一方面是从京城开始的关于运输设备和人员（骆驼、马匹、船只、骡车、帐篷船工、纤夫等）的支出（图2-13）。

内务府通常会根据皇帝扈从的官品和等级拨付赏银，这些都有官方记载，如地位最高的亲王会有五百两赏银，一品大臣有三百两赏银，而地位较低的包衣至护军前锋只有四两赏银，随从的水手、太监、匠人等则赏银更少。

通过南巡人员名单和内务府的官方记载，可估算出平均每次南巡拨付扈从人员的白银数量约有七万三千两。另外，京城的运输设施和人员包括马匹、骡车、骆驼、纤夫、船工等，要计算一定比例的马匹、骆驼倒毙的情况，如每匹马每天大概要花费六两白银，马匹倒毙会造成每匹十四两白银的损失。在骡车不同，以及空载、等候、负重的情况下，耗费也不同，比如，返程负重的骡车每天要消耗一两白银，而空载的则每天大概需要0.52两白银。每个纤夫大概每天的酬劳只有

图2-13 启跸京师（《乾隆南巡图》第一卷局部）

0.06两白银，而船工的酬劳则是0.15两白银，御用主船的船工则价格更高。酬劳是根据天数来支付，一般需要工作六十天，需要的人数也不同，纤夫大概需要三千六百人，而船工则需要九十九人。

驻跸设施如帐篷、大城、旗帜等皆需要开支，再有朝廷供给和物资，如前文提及的南巡途中御膳需要的食材，如米、谷，还有家禽如羊，制奶茶需要的奶牛，以及冰块、水等，大概耗费五万两白银。如此计算下来，一次南巡大概支出十二万两白银。

（2）地方开支

地方开支一般指南巡行经省份的财政支出。一般来说，南巡会经过直隶、山东，此两省临近京城，因此使用了京城方面的支出。地方支出比较多的则是江苏、浙江两省，因为乾隆皇帝约有三分之一的时间在江苏，浙江仅次于江苏。地方开支方向主要包括两大类：一是用

图2-14　纤夫（《乾隆南巡图》第六卷局部）

于沿大运河驻扎的当地纤夫（除河工之外，须在各地另外召集），二是用于修建新行宫。

由于乾隆南巡水路众多，约占45%，而走水路时，皇帝一行要乘船前进，这就需要纤夫的值勤（图2-14）。如果南巡的平均天数是一百一十五天，也就是说乾隆皇帝约有五十二天乘船，且需要纤夫为其工作。据《南巡差案章程》记载，每站需要纤夫一千人，每个纤夫的每日津贴为0.06两银子，因此，在地方支出中，仅纤夫一项就需要三万一千二百两白银。

再有，乾隆皇帝在各地驻跸，沿途要修建新的行宫，还有临时休息的行营、尖营。据统计，六次南巡，共修建行宫十五座，加之每次平均修建尖营四十七座、大营约四十九座，此项约花费十二万五千两白银。加之上述的纤夫开支，江、浙两省地方每次为南巡约支出

一百三十三万两白银。

当然，在直隶、山东等地，由于使用了京城支出，地方支出相对较少，每地约二万两白银。因此，四省加起来，地方支出总共约有一百五十九万两白银。

（3）隐形开支

上述京城、地方开支仅能保证南巡依据行程进行，而真正提高南巡规格和奢侈程度的则是来自隐形开支。

事实上，早在南巡两年前，即乾隆十四年（1749），两淮盐政吉庆在《奏为圣驾南巡两淮商人程可正等公捐百万银两事》的奏折中提到“江省幸蒙恩允南巡，万姓欢腾，淮商倍切所需费用久愿公捐，其踊跃难形情状”，表明了淮商愿意踊跃捐资，支持皇帝南巡。淮商，此处指两淮商人，而淮商的大巨头就是盐商。“两淮”指今天江苏省淮河南北的大部分地区，此地是全国盐区的重中之重。唐宋以来，两淮盐利之巨，可居天下赋税之半，足可见其重要。到了明清，两淮盐业达到极盛，特别是乾隆时代，两淮盐商更是富可敌国。事实上，乾隆皇帝六次南巡的确多数都是由盐商资助的。

也就是说，南巡的真正财政支柱是东南地区的商人。乾隆时期，东南地区的商品经济极为发达，不少商人尤其是盐商拥有亿万之资，富可敌国，其中，扬州盐商最为著名。盐商虽有钱，在重农抑商的封建社会，却无权力，与封建官府有严重的依附关系，因此，皇帝南巡给了他们极佳的讨好及展示机会。除了捐献银两、修建装饰行宫外，他们在行宫里面备置各种珍贵物件，积极安排南巡膳食和南巡中的各类消遣活动，如组织戏班沿途演戏等。另外，还殷勤地向乾隆帝进献名贵贡品等。而对于这些，乾隆都以“情词恳切”“不收转阻其诚意”为由毫不客气地接纳了，当然，这批钱财中也有相当一部分被充用在南巡的地方支出。

（4）南巡总开支

由于各地地方官相互攀比，追求奢侈的局面，也造成了一些浪费，滋生了腐败。杭州龙井一带风景优美，山水秀丽，而地方官为了迎接皇帝南巡，竟在那里修房盖庙，张灯结彩，结果搞得不伦不类，徒劳无功，还浪费了白银。两淮盐政伊龄阿为迎接乾隆帝第六次南巡，自作主张建造了一艘新的御舟“宝莲航”，但是皇帝有南巡御舟，并未乘坐此船，造成了极大浪费。吉庆担任两淮盐政时，为筹办乾隆皇帝南巡事宜，遍植奇花异草；普福继任盐政后，为迎合皇帝，又大兴土木，广备器玩。高恒为了筹备乾隆皇帝第三次南巡，更是派人到处搜罗珠宝，营造宫殿，自己也趁机贪污。

1768年，曾有一件引人注目的贪污案，就与南巡有关。新任命的两淮盐政尤拔世到扬州上任时，发现了两淮运库有巨大亏空。而此前的两任盐政是普福、高恒，都是与皇帝较为亲近的满洲旗人，尤其是高恒还是军机大臣高斌之子、皇贵妃之弟。后经调查，两淮运库竟然亏空约一百零七万两白银，高恒因贪污受贿被处死。当然，其在辩词中也对亏空作出了解释，据其交代，其中约有四百六十七万两白银花费在乾隆皇帝前三次南巡中。事实上，乾隆皇帝前两次南巡管理混乱，致使江苏省藩库侵吞了约七十万两白银，后来，他试图消除各省上报支出中的混乱和不准确，以遏制贪污，实际也没起太大作用。

由此看来，南巡期间，各省支出除了上述的约一百五十九万两白银，还应该包含此次贪污案揭露出来的各省的额外支出，综合推算，每次约有一百五十六万两白银，因此，地方支出每次应为三百一十五万两白银。按此计算，六次南巡全部开支应为一千八百九十万两白银，而盐商等私人的隐形开支还不包含在内。因此，综合目前的研究成果，可以认定六次南巡的总开支为一千九百万到两千万两白银。

当然，上述数据的得出只是根据现有资料汇总的结果，并不全面，也不详尽，还有隐形支出无法得到真实数据的支持；另外，南巡中有官员贪污现象存在，这使得南巡的开支更加浩大。究竟乾隆南巡对国力产生了怎样的影响？南巡是不是导致乾隆朝由盛向衰转折的重要原因？下文会作出详细分析。

三、南巡支出对于经济的影响有多大

想要知道南巡开销会对乾隆朝经济产生何种影响，我们首先来看看乾隆皇帝到底有多少钱，而南巡的开销在其中占多大比例。当然，数字揭示的只是一个方面，还应该看看数字背后是不是隐含着南巡的消极影响，以及这些消极因素会不会成为康乾盛世中的不和谐音符。

1. 乾隆皇帝到底有多少钱

上文提及乾隆皇帝的小金库是内务府，那么，这个小金库里到底有多少钱呢？这些钱又是如何花费的呢？据统计，乾隆十年（1745）到乾隆六十年（1795），内务府收入总额为六千八百八十余万两白银，可以推测乾隆朝六十年的内务府总收入约八千二百万两白银。此外，户部每年会拨给内务府六十万两白银，六十年合计三千六百万两白银。两项相加，内务府每年的收入在两百万两左右。

看似内务府比较富裕，然而内务府有供应皇室消费的职责，实际并不富裕。乾隆三十年以前，皇室支出规模为每年一百万到一百五十万两白银，乾隆三十年以后为大约两百万两白银。这些常用支出项目包括：每月采办皇室所用食品，赏赐（包括赏赐后妃、蒙古外藩、皇子公主婚嫁及宫廷筵席），出巡，祭祀（祭天、祭神），修缮等。有时候还包括建造园林、寺庙等。然而，内务府银库有盈余，还要返拨给户部，有时候会有百万余两白银。有时候，皇帝手头也会拮据，也有统计称，乾隆十年到乾隆六十年，总收入六千八百余万两白银，单皇帝就花掉了其中的六千七百余万两。

清代内务府与户部已经有所区别，并且对清代财政的正常运转发挥了重要作用，但免不了有所交叉，有些时候内务府的经费还要靠户部调拨。对于皇帝而言，调拨的经费使其个人花销受到了约束，又不便向户部伸手，因此会想一些招数来弥补。

首先就是“议罚银”，也称“议罪银”，官员上交的银两，一般交由内务府充公。这部分银两一般多于万两，最多的一笔为乾隆五十九年（1794）两淮盐政全德上交的38.4万两白银。再有，就是特派内务府人员主管盐政和税关，从商人那里榨取钱财。中国自古就有重农抑商的传统，从地位来看，商业不同于农业，非社会之“本”，因此，皇帝潜意识里要求自己不可以随意增加农民负担，而向商人伸手要钱，则合情合理。盐税和关税又是能带来盈利的地方，皇帝一般派内务府的包衣（也就是清朝入关以前投靠满人的汉人）去管理。上述两项举措，可使皇帝的小金库足以保持充盈。

2. 南巡是最耗资的事件吗

要估算乾隆南巡对于乾隆朝国力的影响，仅算其在内务府收入中占的比例是不合理的；况且内务府有时候也并无余额，有些有余额的年份也会拨交给户部。因此，要看其在整个户部占的比例。前文曾计算过，按清史学家张勉治的详细估算，六次南巡的总开支为一千八百九十万两白银，每次平均约为三百一十五万两白银，而清廷财政收入每年从三千二百五十万到六千万两白银不等，因此南巡开支相当于清廷每年财政收入的5%到10%。

单从数据本身来看，南巡并非造成乾隆时代由盛而衰的主要原因。事实上，乾隆时期，皇帝炫耀的十全武功才是最为庞大的支出，仅第二次金川之役就耗费白银六千二百七十万两白银，而大小战役相加起来造成了上亿两白银的支出。军事上的冒进和扩张，才是对于盛世国力最大的挑战。

再有，再来看下乾隆皇帝的开销，开支最大宗的并非皇帝的巡游，而是修缮宫殿、苑囿、寺庙、陵寝等。尤其是在乾隆二十年（1755）平定准噶尔之后，乾隆皇帝更多掏私人荷包来巩固民族关系，在蒙汉交界驻军边防沿线修建了许多藏传佛教寺庙，亦在北京、热河、五台山等地修建仿西藏建筑，称为藏传佛教中心。这些举措似乎对大清帝国稳定版图、巩固疆域、加强中央集权都有积极作用，但一定程度上造成了财政的流失。

再来看乾隆皇帝南巡，对大清帝国来说，从经济角度来看没有动摇帝国的根本，并且还有政治方面的积极意义，其对维护清朝社会稳定、促进江南经济文化的发展起到了一定作用。

但仅从这一角度评价乾隆南巡对国家的影响是不全面的。乾隆南巡亦有其负面影响。首先，南巡是乾隆皇帝众多巡幸中最具代表性的，也是路线最长、耗时最长的，其巡幸费用虽在国库银两中占比不高，然而，乾隆皇帝讲究排场，劳民伤财在所难免。如前文所述，乾隆皇帝的南巡队伍非常庞大，多达千余人还包括皇太后、皇后、嫔妃、众多扈从官兵、王公大臣、太监侍卫。乾隆一行在巡幸中的生活标准几乎与宫中无异，不仅需要准备众多运输工具和人力，所经之处，要修建修葺尖营、行营、行宫、道路、桥梁等，还要设幔让民众回避，沿途要摆供迎接，花费自然不小。

再有，乾隆皇帝在南巡中讲究排场、追求舒适，因此造成了社会财富的极大浪费，滋长了上层社会的奢靡之风，也在一定程度上助长了官员的贪污腐败。乾隆四十一年（1776），乾隆皇帝曾说：“康熙年间，江南藩库亏帑二百余万两，部臣议请赔究，皇祖谕云：此必因朕屡次南巡垫用之故。朕为太平天子，省方观民，即动帑金以供巡幸，亦无不可。”可见，康熙皇帝南巡时就已出现了“藩库亏帑”的现象，因此，作为盛世天子的乾隆皇帝动用户部的国库资金以供其巡幸也是很自然的事情。不仅如此，各地官员和商人竞相在南巡中讨好皇帝，并形成了攀比风气，滋长了他们的奢靡之风，进而导致了官员们愈加贪污腐败，南巡中的贪腐案频发就是铁证。再有，乾隆皇帝南巡时，大臣和官员进献的物品名目繁多，有名帖、名画、珠宝，香囊、玉器、书籍、古砚、西洋珐琅刀、西洋自鸣钟表、食品等，均被皇帝一一纳入囊中。也由于此，官员们亦追逐骄奢淫逸的生活，穷尽贪污之能事，致使河政日趋腐败、河防松弛、水利失修、河道梗阻，诸河频频漫堤决口、堵而复决。上述政治方面存在的弊端，使得灾难的治理变得困难重重。而一些地方官员用于接驾的开销，也会利用权力转嫁到百姓头上。

此外，清代盐业是由政府所垄断，因此盐商的财富积累离不开盐官的庇护和皇帝的支持。盐商和朝廷之间相互倚靠，盐商为朝廷提供巨额收入，朝廷则为其牟取盐利提供方便。清政府为了保证盐税收入，往往对盐商身份有特殊的要求，规定担任盐商的必须是家境殷实的大户人家，因此盐商本身的起点就较高，有一定的财力基础。加上盐商对封建朝廷的依仗多有期待，因此趁乾隆皇帝南巡时，才能竭尽所能来讨好皇帝。

另外，乾隆皇帝雅好南味，亦流连于南方园林，因此有南园北移的设想，兴建皇家园林，此可谓南巡的“副产品”。

乾隆皇帝也时常反思自己的南巡之举，在退位后身为太上皇时，对军机章京吴熊光说：“将来皇帝如南巡，而汝不阻止，必不以对朕。”看来其已经意识到南巡的负面影响，因此，乾隆之后再无南巡。

叁

第三章 从皇帝到民间：南巡图里的文化盛景

康乾盛世是中国漫长几千年封建社会最后一个盛世。乾隆勤于政事、长于谋略，在他的统治下，社会稳定，经济繁荣，百业繁华，人口多达三亿人，占当时世界人口数的三分之一。作为帝王，他既强调武功，鼓励骑射，巩固边疆，又倡导文治，主持了很多文化大业，还搜求古书、购求书画，编纂了《四库全书》《石渠宝笈》等。同时，他也十分注重个人的艺术修养，即使南巡，也随身携带书画作品，还要求大量词臣、画家随行，为南巡这一王朝盛事留下大量文字和图画的文本。

《乾隆南巡图》十二卷并非孤立的画卷，而是一个彰显乾隆王朝文化大业和乾隆皇帝个人品位鲜亮的综合性标本。当然，上行下效，乾隆皇帝的喜好，很快就成为风尚和标杆，在民间市井中传散开来。

一、文化图景

江南地区不仅经济富庶，生活富足，还是人文渊薮之地。明清两代实行科举取士制，江南一地，科考脱颖而出者，堪称全国之最。江南，尤其是苏州一带的文人兼有学养和财产，且喜好收藏古玩，借以修身养性，因此，拥有文玩古董，也是一些读书人彰显自我文化品位的重要标识。

同时，苏州也是重要的文物收藏中心和文献重镇，艺术市场亦繁荣，明代在苏州一带诞生的吴门画派影响深远，追随者甚多；明中期也有不少收藏鉴赏大家，如吴宽、陆完、王延喆等。这种风气一直在清代早中期时仍然得以赓续。当然，受乾隆皇帝好古之风的传染，文物收藏之风也在京城悄然兴起。中国的收藏中心，从空间来说，由民间转向内廷；从地理来说，由苏州转向北京。今天，我们从《乾隆南巡图》中就可见苏州、京城两地繁盛的文化图景。

1. 书画及装裱

出了苏州阊门不远处有一家经营书画的店铺，题名“书画寓”（图3-1）。店面不大，四周墙壁上挂满字画，可以依稀辨认出有山水、书法立轴，也有花鸟写意画作，还有表现文人情趣的人物画作。一侧桌案上，有人在执笔作画。从画作中人物的红衣、姿态看，似乎为寒山和尚或拾得和尚。店铺外还有人在围观。据此可以推测，此画家应该为职业画家，以卖书鬻画为生。

明代中期，资本主义萌芽开始发展，有些画家开始靠卖画为生，相较于有朝廷俸禄、侍奉皇帝的宫廷画师来说，这些画家可以被称为职业画师，或者称为民间画工，他们是靠满足民间市场对于画作的需求来谋生。当然，也有些文人官员从事书画创作，但更多的是用于文人阶层雅集、闲暇生活的墨戏消遣，很少在市场上大量流通。画卷第六卷的这一局部，就体现了职业画家的生存状态。

图3-1　挂着“书画寓”招牌的店铺（《乾隆南巡图》第六卷局部）

苏州一带的画家，大多受吴门画派影响较大，而明末董其昌“松江派”画风亦在全国盛行，清初又有“四王”（王时敏、王鉴、王原祁和王翚）画风占画坛主流，多多少少也对苏州一带的画家有所影响。画中的这家店铺规模较小，有点类似今天的画廊（当然，画廊是西方话语体系下的运营模式）。这些画店有些除了出售同时代画家的画作外，还有些出售古画，满足文人好古、搜求古物的需求。清初苏州一带的大收藏家有卞永誉、归希之、朱我安和顾维岳等，其藏品颇为丰富。

书画市场的繁盛和古书画藏品的丰富，也带动苏州一带的书画装裱。“三分画，七分裱”，就说明了装裱之于书画作品的重要性，犹如人的相貌气质需要得体的服饰来衬托一样。书画装裱，又称“装潢”“装池”，专称“裱褙和裱面”，指的是对书画、碑帖等进行裱褙和装饰。将书画、碑帖作品背面用纸覆托，此层裱褙纸称为“命纸”，用绫、绢或纸镶边，后用复背纸覆盖，之后，再根据需要进行配饰安装，如安装地轴、天杆制成立轴，或制成手卷、册页等形式。书画、碑帖经装裱后通常更加美观，便于收藏观赏。当然，有些古画也可以进行重新装裱、修复。

《乾隆南巡图》中就有这类的店铺，如“精裱名人字画”（图3-2）。还有些店铺服务更加全面（图3-3），不仅可以装裱书画，还可以“精裱册页”“装钉书□”“定做锦（套）”。清代常见的书画装裱样式有如下几种：一是手卷，即横向展开画面，包含题写画名部分的“引首”，书画创作核心部分“画心”，供人题跋的“拖尾”部分，相隔几部分的裱边被称为“隔水”，如《清明上河图》就是这种装裱样式。二是立轴，一般悬挂纵向观看的画面，上面有天杆，下面是地轴，这类画作也可用于家居装点，一般厅堂悬挂此画作，有时候画作旁边还配两副对联。三是册页，明清时代的人常把小幅画作、书作称为“页”，将书

图3-2 “精裱名人字画”店铺
（《乾隆南巡图》第一卷局部）

图3-3 裱褙店（《乾隆南巡图》第六卷局部）

画作品装裱或者创作在硬纸板上，可供左右或者上下翻阅，便于携带、欣赏、保存；提前装裱好的空白册页也可供雅集时题诗、作画、唱和使用，册页一般取偶数，有些册页封面和封底还加上檀木、楠木或宋锦装裱的硬壳板面来保护画心。对于装裱好的书画，为了便于收藏，还会为其制作专门的锦盒或者锦套。当然，有些宫廷收藏的书画，也会用贵重木材如黄花梨等制作盒子。

书画装裱以京城和江南一带最为繁盛，其中以苏州裱工最为杰出。京城乃至宫廷中一些裱褙工都是苏州人。明代，苏州裱褙工就已名声在外，“裱褙，自两京外，惟吴中为得法，宋米南宫《画史》有苏州褙工之名，其来久矣”（明正德《姑苏志》卷十四《土产》）。明末胡应麟亦道：“吴装最善，他处无及焉。”（《少室山房笔丛》甲部经籍会通四）。到了清中期，苏州裱褙工则更为著名，钱泳道“装潢以本朝为第一，各省之中以苏工为第一”（《履园丛话》丛话十二《艺能·装潢》），苏裱“取料净，运帚匀，用浆宿，工夫深”，乾隆皇帝“凡海内得宋、元、明人书画者，必使苏工装潢”，秦长年、徐名扬、张子元、戴汇昌等皆为当时的名手。虽然清中期时，京城装裱亦闻名，称为“京裱”，与“苏裱”并称，但京城包括内廷的著名裱工都是苏州人，这种局面一直延续到清末甚至今天。

2. 文房四宝

笔是文房之首，对读书人来说更是如此。《乾隆南巡图》中有两处笔店，一处招牌是“纯毫名笔”，还有一处是“纯毫水笔”“状元名笔”“选料纯毫”（图3-4、图3-5）。

“状元名笔”与状元饼有异曲同工之处，蕴含吉祥之意。另外，招牌中还提及“纯毫水笔”，清代乾隆时期阮葵生所著笔记小说《茶余客话》卷二中载：“庶吉士读书供给：庶吉士到馆读书，旧例行工部修理房屋，具器用。工部给纯毫水笔五支，香墨一笏。”可见，此种笔是供官员使用的。

这些好笔的标准是纯毫，即使用精心挑选的羊、鼬、鼠、兔等动物毛。明清时期是制笔业发展的鼎盛期，制作也极为讲究，有七十二道工序，且择毫过程中有“千万毛中选一毫”的说法，即一只动物的

图3-4 “纯毫名笔”店铺（《乾隆南巡图》第一卷局部）

图3-5 笔店（《乾隆南巡图》第六卷局部）

皮毛可分为十几个等级，从中一根根挑选出来的最佳者才能制成好笔；并且工序也要得法，明代文人文震亨在《长物志》中载：“尖、齐、圆、健，笔之四德，盖毫坚则尖；毫多则齐；用苘（即青麻）贴衬得法，则毫束而圆；用纯毫附以香狸[①]、角（胶）水得法，则用久而健。此制笔之诀也。”尖、齐、圆、健也成为后人评价好毛笔的标准。

清代以来，羊毛笔盛行，尤以湖笔为最。乾隆时期的周广业称：“唯湖笔纯羊毫制者，锋恬力劲，最便临池。”（《过夏杂录》卷四）元代以后，湖州成为制笔的中心，生产的笔被称为“湖笔”，湖州善琏更是被称为“笔都”。清代还将湖笔中的羊毫笔作为贡品和赏赐品。民间亦流行使用湖笔，康熙三十三年（1694），笔工周虎臣的后人在苏州开设“周虎臣笔墨庄”。除此以外，明清时期北京的古月轩、贺连清，上海的杨振华，苏州的贝松泉、陆益堂等都是有名的湖笔店铺。

说完了笔，再来看看纸。苏州有些小的纸店（图3-6），当然，也有些大的店铺售卖品质更高的纸。阊门附近“书画寓”画店的隔壁就是这样一家经营笺纸的店铺，店铺名称因为被遮挡，仅能看到一个“博”字，这样的店铺通常叫“斋”，因此，这家很有可能叫“博□斋”。店铺屋檐下还有经营范围“本斋专做宫绢花笺，各种纸张简帖雅扇”（图3-7）。这个店铺规模较大，经营范围应该更广一些，品质也应

---

① 香狸，又称“灵猫”，比家猫略小，可分泌油质液体，被称为“灵猫香”，可供药用及香料使用。

图3-6　纸店（《乾隆南巡图》第六卷局部）

图3-7　笺纸店（《乾隆南巡图》第一卷局部）

该相对较高。

离此店不远还有家招牌为“雅制笺柬”的笺纸店（图3-8）。而北京的纸店则在正阳门外，集中在琉璃厂一带，这类店铺一般叫作“南纸店”，或者“笺纸店”。比如，荣宝斋前身“松竹斋”就是一家南纸店，这类店铺通常以售卖各种文房四宝为主，有些也有书画装裱业务。如第一卷中的一个店铺（图3-9），就以售卖“南纸”“笺帖”“绫绢”“款扇”为主。也有些处于闹市中的店铺（图3-10），还有规模更小一点的，仅有一个招幌，应该以售卖扇、纸为主。

图3-8　招牌为“雅制笺柬”的笺纸店
（《乾隆南巡图》第一卷局部）

图3-9　京城的南纸店（《乾隆南巡图》第一卷局部）

图3-10　笺纸店（《乾隆南巡图》第一卷局部）

纸作为书写载体，也是读书人的案头之物，兼具实用和美观功能。随着纸张被越来越广泛地使用，纸张的种类越来越多，也越来越具有更博大的精神内涵和文化张力。这一点，得到了《乾隆南巡图》的验证。

首先来看一下其广告招牌主打产品——宫绢。宫绢是一种画材，相对于纸本而言，是品质比较好的绢本画材。早期的传世名作，很多都是画在宫绢上，如王希孟的《千里江山图》就绘制在宋徽宗御赐的宫绢上，这样的宫绢在当时算是大尺幅，且质地紧密。再如，南宋皇帝赵构书写《毛诗》并命马和之绘制的《毛诗图》，都是在宫绢上作画；还有宋四家之一的马远，也在宫绢上作画。不同时代的宫绢，质地、厚薄和织造方法等也有所不同。一般来说，宫绢品质更高，因此价格也比一般画绢贵得多。虽然宫绢属于丝织品类，但由于其亦为书画载体，因此也属于广义的纸的范围。再如绫绢，也是一种书写载体。早期，绫作为一种装裱材质，明清以后，有书家或画家用其进行创作。

无论是“花笺”，还是“香笺”“雅制笺柬”“笺帖”，都可算作笺纸范畴。笺纸，又称笺，通常指幅面尺寸较小的、有精美图案的纸。根据其不同用途、装饰及制作等，又有不同称呼，一般庶民将写信用的纸又叫信笺、便笺、手笺；文人士大夫写诗、作画、题字所用的纸又名诗笺、花笺、锦笺、彩笺等。当然，明清以来，书法、绘画所使用的笺纸有的尺幅也较大，如蜡笺纸等。

笺纸产生于南北朝时期，明清时期应是笺纸发展和使用的高峰时期，其继承了唐宋以来的制笺传统，并且在制笺的技术和题材上超越前朝。笺纸本身也成为集商业出版、书札文化特质于一身的雕版印刷艺术品。笺纸上的花纹有的是手绘，有的是饾版套印甚至拱花。笺纸上的图案也有所不同，有些图案清淡，也有些用名家手笔之图案、款题，有典章名物之图像，并反映了制笺主人的立意，还有些图案被辑录在笺谱、笺帖中，或集于笺匣中。明清比较有名的笺谱有《萝轩变古笺谱》《十竹斋笺谱》。

除此以外，明代还从宫廷官员、宗师贵胄、文儒政要阶层普及到商人市民阶层，市场需求和发展空间不断扩大。再有书画家群体也参与进来，明清笺纸题材、样式有了更多创新。康熙时期的芥子园名笺、乾嘉时期的怡亲王府角花笺，都是其中名品。清代后期，内府有宫笺和贡笺，南北城市有大小笺肆林立，笺纸异彩纷呈，也成为收藏珍品。

简帖，也称“套版简帖”“契纸”，指一种折叠式的帖子。比较讲究的有“契约引首图”，即契纸封面印有装饰图案，有单色印制的，也有多色套印。起初，用作诗笺、请帖，后用于民间契约、文件、禀状等。现存简帖，以康熙、乾嘉时期的为多见，多为徽州艺人所创制。它与文人士大夫所用的笺纸虽有承袭关系，但其功能则不一样。笺纸更多为书信来往、案头欣赏载体，文人墨客使用居多，而简帖属于征信一类的契约载体，具有民间性，多为民间艺人制作，题材、风格多样，有颜色艳丽、刀法奔放者，也有含蓄、精工清雅者。

还有一类纸店叫笺扇庄（图3-11），不仅售卖笺纸，还有扇面出售。扇面也是书画载体之一，有纨扇、折扇两种。文人雅士多用折扇，如店铺招牌中的“款扇”，就是指折扇。折扇，又名“聚头扇”“撒扇”，用时撒开，用毕折叠。明代永乐年间，朝鲜进贡折扇，明成祖因喜其舒卷之便，命工匠制之，从此，折扇普遍流传。折扇形式多种多样，有蚱蜢腿式、琴式、竹节式等。扇面有用矾纸或瓷青泥金的，也有用绢的。扇骨材质也很多样，有湘妃竹、丝乌木、檀香、象牙、玳瑁等，多者有三四十骨，少至七骨、九骨。扇面可作书画，扇骨上镌刻书画。明代折扇主要产地在四川，曾作为奉献朝廷的贡品。当然，江南吴地一带的折扇也尚佳。沈德符《万历野获编》载：折扇“自吴制外，惟川扇称佳。其精雅则宜士人，其华灿则宜艳女……今四川布政司所贡，初额一万一千五百四十柄”。

图3-11　笺扇庄（《乾隆南巡图》第一卷局部）

明清两朝的人喜在扇面上作画，因此扇面在纸店也会单独出售。可完成扇面后，再装上扇骨。扇面画通常有两面。一面为画，多为小品之作；另一面为书，多为题诗唱和。有些扇面画还被辑录、装裱成专门的书画册页供人欣赏。

除上述外，有些纸店、画店也会兼售文献古籍，有些书店也会兼售书画或者文房用品（图3-12），这都是为了满足文人士大夫的购物需求。书籍、画作，连同这些文房用品，会被摆上文人的案头（图3-13），装点着当时人的雅致生活。

图3-12　正阳门外书店画店（《乾隆南巡图》第一卷局部）

图3-13　正阳门外开窗见书的场景（《乾隆南巡图》第一卷局部）

3. 工艺文玩

在我国，古玩成为艺术商品进行买卖的历史悠久，所谓“盛世古董，乱世黄金”，康乾盛世时代自然也是古玩收藏交易的黄金时代。帝都北京首当其冲，古玩业十分兴盛发达。并且，随着文人士大夫对金石、考据学的热衷，以及艺术品藏鉴的门类逐步拓展，形成了上至宫廷、下到民间的好古风尚。作为江南收藏中心的苏州，由于原有的积淀加上上行下效的好古风尚，自然也较为繁荣。同时，古玩收藏市场的红火，也使得苏州的工艺品制造日益发达。苏州本来就工匠辈出，收获了“苏工”之美誉。乾隆时期的苏州地方文献记载：“吴中男子多工艺事，各有专家，虽寻常器物，出其手制，精工必倍于他所。女子善操作，织纤刺绣，工巧百出，他处效之者，莫能及也。”从此言可见，清代人认为苏州的百工技艺，他处无法比肩。

（1）古董文玩

出京城的正阳门就是北京外城一带，在人流密集处，常有人当街摆放古玩进行售卖。在图3-14中，右侧一处摊位规模较大，有铜炉、漆器、配有底座的摆件、瓷器，以碗、瓶、盒居多，摊位后面不见卖者，其对面还有四人站着交谈，似乎在议价。在其对面也有一处摊位，红色的铺地布上，摆放着若干器物。这些器物小巧玲珑，出售者还拿着一个小杯在招呼经过的路人。两个摊位的周围，有路人好奇地围拢着，打量、把玩摊位上的物件。

图3-14　古玩地摊（《乾隆南巡图》第一卷局部）

清乾隆年间，皇帝的喜好、内廷的购求，带动了民间古玩行业的兴盛。古玩交易频繁，交易品类丰富，并且有固定的古玩交易场所，参与古玩交易的人群逐渐扩大。关于清代宫廷所藏宗教绘画的《秘殿珠林》，关于书画的《石渠宝笈》，关于古代青铜器的《西清古鉴》《宁寿鉴古》等一系列有关文物著录、鉴赏的丛书在这一时期编纂完成。与此同时，圆明园还设有买卖街，一切陈列均仿照外城市肆，供帝后大臣消遣，其中就有古玩交易[①]。

而民间的古玩交易通常有三类场所：一是古董店铺，如前文所提及的一些其他店铺一样，清代北京这样的店铺一般集中在琉璃厂一带，这类店铺里的文物通常品质较高，价格相对贵些，也有些固定的老主顾、大买家。有了比较珍贵的文物，这些店主会主动联系买家来购买。二是庙会、集市摊位，庙会上通常有这样的摊位售卖古董，如护国寺、隆福寺、前门外及厂甸庙会多有这样的摊位，物件相较前者参差不齐。三是鬼市、小市，这类摊位通常在凌晨进行交易，天亮时散去，之所以如此，因为有些家道中落者、盗墓倒斗者顾及面子，或有其他考虑，

① 清人姚元之记载："圆明园福海之东有同乐园，每岁赐诸臣观剧于此。高庙时，每新岁园中设有买卖街，凡古玩估衣以及茶馆、饭肆，一切动用诸物悉备，外间所有者无不有之，虽至携小筐卖瓜子者亦备焉。开店者俱以内监为之。其古玩等器，由崇文门监督先期于城外各肆中采择交入，言明价值，具于册。卖去者给值，存者归物。各大臣至园，许竞相购买之。各执事官退出后，日将晡，内宫亦至其肆市焉。"（《竹叶亭杂记》卷一）

趁着夜色来以物换钱、销赃，因此鬼市有个约定俗成的规定，只许拿灯笼照物，不许照人，这类地方的文物更加参差不齐，当然捡漏的可能性也非常大。当然，有些售卖赝品的人也混迹其中，以次充好，从中牟利。还有一类，没有固定场所，即走街串巷的打鼓人，这类人通常以鼓音示人，荷筐或夹包袱从各家收购文物，这类人往往属于文物的中转站，将收购来的文物再摆摊或者卖予店铺。

随着古董文玩需求量的激增，作伪者也自然随之蜂拥而至。事实上，书画等文物作伪，宋代已有之，到了清代，则更加多见而已。全国都有这样的地方，以北京和苏州的最为出名，如北京的“后门造”、苏州的“苏州片”都是由特定作坊制造的赝品。

（2）珍珠巷掠影

除了古董、赝品，工艺品在当时也广受欢迎。苏州就有这样一个“珍珠巷”，属于工艺品店铺比较集中的售卖地，经营范围有“金银器皿”“珐琅物件”“兑换珠宝玉石”“琥珀水晶”等。

明代正德年间的《姑苏志》载，珍珠巷属于“东北隅巷六十八”之一（正德《姑苏志》卷十七）。同治年间的《苏州府志》卷五“坊巷”载，“珍珠巷，宫巷中”在“长洲县”内。珍珠巷即现在的珍珠弄，因旧有珍珠市场得名，位于第一天门北侧，东出宫巷，西至北局（图3-15）。

图3-15　珍珠巷（《乾隆南巡图》第六卷局部）

珍珠巷巷口就有一家“法琅物件”店铺，“法琅”又称“珐琅”“佛郎”“法蓝”“景泰蓝”。《蓉槎蠡说》卷十一载：“大食国以铜骨为身，起线填五采（彩）药料烧成，俗称法琅是也。”珐琅物件是个外来物，是以珐琅为颜料装饰、烧制而成的器物，为阿拉伯等西方国家的传统工艺品，其名也是由中国隋唐时古西域地名——拂菻音译而来。明代御用监开始生产珐琅器，以宣德时期的珐琅物件制作最为精细。明人认为，其为“供妇人闺阁中用，非士大夫文房清玩”。依据加工工艺的不同，珐琅物件又可分为掐丝珐琅器、錾胎珐琅器、画珐琅器和透明珐琅器等。

乾隆时期以画珐琅和透明珐琅为最盛。画珐琅器指以珐琅料在胎体上（有铜胎，也有瓷胎）绘出图案，再经过焙烧的器物。中国开始于康熙时期，制作地有北京清宫造办处以及广东等地。瓷胎画珐琅造型和装饰由皇上钦定，胎体轻薄，图案工细，色彩明丽，往往出自景德镇，雍乾时期的作品至今为珍品。透明珐琅，又称“烧蓝”，胎质多数为铜，少数为银。胎上錾或锤图案后，贴金银片，施彩色透明面釉，有时还在釉上描金，器物华美异常。此器物起源于欧洲，清初传入中国，以广州生产的此类物件最为著名。

巷子里面的一些地方，还有“琥珀水晶”招牌。早在元代就有文献记载这两类材质：“水晶，明净如冰白似银，不薄不厚要匀停，若遇粉霜并惊璺（衅），碾花藏病细论评。倭国者上品，信州者次之。须要洁净伶俐，不薄不厚，素者尤佳。碾花者多藏粉瑕节病。惊衅者不堪。

亦有乌水晶。”元熊宗立《居家必用事类全集》卷九指出了水晶以纯净者为佳，雕刻较多者往往有瑕疵，有石头天然裂缝的往往品质差一些。元代时以日本的水晶为佳，信州的次之。也有深色水晶。清代改冠制，替以礼帽，其上最高处有顶珠，按清礼仪，五品顶珠用水晶石。

“琥珀，金珀光明蜡珀黄，通身洁净最为良。牵脿水色难升价，伪者多般切要防。近日造成帽顶珠儿。绦环系腰间。有结秀喜蛛蝼蚁者直钱。或有水珀用药煮作金蜡珀者。或有耸笃思伪者宜鉴。”上述是元代人对琥珀的记载。在清代，琥珀是与金、玉等相当的珍稀之物，是贡品之一，也是皇帝赏赐之物。在民间，琥珀的使用更为普遍。清代冠服配饰中的朝珠也有琥珀材质的，不同质地显示不同品级。另外，首饰盒服饰是大宗，开始出现琥珀陈设品、文房用品等。同时，人们对于琥珀的来源、形成、分类、药效、鉴别方法都有了深入系统的了解。如明代谢肇淛《五杂组》物部四载：“琥珀，血珀为上，金珀次之，蜡珀最下。人以拾芥辨其真伪，非也，伪者傅之以药，其拾更捷。”清代谷应泰《博物要览》卷八载：“琥珀之色以红如鸡血者佳，内无损绺及不净粘土者为胜，如红黑海螯色及有泥土木屑粘结并有莹绺者为劣。”这些都展现了世人喜爱琥珀的风尚。

当然，琥珀饰品的造型、题材和雕刻等，都来源于玉器雕刻的经验，也讲究吉祥寓意。

（3）金银珠宝

金银都是贵重金属，不仅用于制造钱币，还可用于制成工艺品。

我国使用金银的历史悠久，早在商代就利用金的延展性制成环形金片。不仅如此，还有金丝、金箔、包金、错金等制品。银，仅次于金，延展性不及金，且易氧化变色。唐代是金银器制作使用的高峰期，制作方法很多，且造型多种多样，不仅有官方的“官作”，还有“行作”，即民间工匠所作。宋代承袭前代，还出现了专门的店铺，交易或出借金银器皿。元代亦有较大发展。明清时，虽然工艺方面无可圈点之处，但较前代更为普及，拥有金银珠宝也成了民间的奢侈消费之一。

《乾隆南巡图》中京城、苏州两地就不乏这样的店铺。如有店铺以“兑换金珠”为招牌（图3-16），金珠，指金银珠宝。珍珠巷里面，有“兑换珠宝玉石”的，还有经营“金银器皿”的（图3-17）；有较大规模的品牌店铺“天兴楼兑换赤金纹银首饰”（图3-18），也有较小且口碑不错的“首饰老店”（图3-19）。

图3-16　招牌为“兑换金珠”的店铺
（《乾隆南巡图》第六卷局部）

图3-17　经营“金银器皿”的店铺
（《乾隆南巡图》第一卷局部）

图3-18　天兴楼兑换赤金纹银首饰（《乾隆南巡图》第一卷局部）

图3-19　首饰老店（《乾隆南巡图》第一卷局部）

清代承袭明代，金银器一改前代淡雅清秀的风格，呈现出奢华艳丽、富贵逼人的气息。明代起，江南地区金银首饰的设计与制作已形成一套完整的体系，并且依照插戴位置的不同或者纹饰、大小的不一而各自有了定式。从现存的仕女画、先祖画像、命妇画像、皇后舆服图等看，盛装的明清妇女发饰以满头簪钗不留空隙为特点，珠光宝气。清代金银首饰的重要特色之一是穿珠点翠，一说翠是翠鸟的羽毛，珠翠匠在首饰上结珠铺翠称作“装花”；再有就是嵌宝，即镶嵌翡翠、珊瑚、碧玺、蜜蜡、紫英石、茶晶、青金石、东珠等。清代帝后的首饰当然是其中的精品，有些是舆服制度所需要的，也有些为民间工匠的佳品。民间女子出嫁嫁妆中也有首饰，如妆奁册中会记载具体的首饰。

清高静亭《正音撮要》卷三《首饰》就列举了若干首饰：金簪子，金凤冠，银簪子，银钳子，金钗，金钳子，扁簪，银耳挖，过肩挑，金挂繸（簪头繸），一丈青，金耳挖，金镯子，银镯子，项圈，金挠子，寿星，银挠子，八仙，金镮子，百家锁，银镮子，戒箍子，指甲筒，珍珠凤冠，珍珠挑，宝石镮子。清代还有些特色的首饰，如钿子、扁方、扁簪等多为满族女子首饰。簪钗、耳环、耳坠、手镯等佩戴则较为普遍。

翡翠也是清代新兴珠宝。在京城也有玉器的店铺，有一家就以"各色翠花"为招牌（图3-20）。翠花指翡翠镶嵌成花朵的首饰，也泛指用翡翠装饰的首饰。玉器由来已久，此不赘述。乾隆平定西北后，更是有大批玉器进贡，为玉器繁盛提供了前提条件。同时，缅甸翡翠的传入，丰富了玉材，也因其更加珍稀，愈受青睐，还被制成盆景，陈设案头。从此店铺招牌可见，翡翠也受民间喜爱，只是多为小件。

清代琢玉之地甚多，以北京、苏州、扬州为生产中心。明末人宋应星说："良工虽集京师，工巧则推苏郡。"清代玉器种类繁多，有白玉、黄玉、新玉等，不同作坊有不同特色，同时琢玉业也有专业分工，分为开料行、打眼行、光玉行等工序。苏州专诸巷玉工雕琢技艺精湛，乾隆帝曾赋诗夸赞："专诸巷里工匠纷，争出新样无穷尽"，"专诸巷中多妙手，琢磨无事太璞剖。"因此，内廷的御玺、玉册、玉宝以及陈设品，也常由苏州工匠雕琢。乾隆帝还常把画好式样的优质玉料发给苏州织造，在苏州精心雕琢。

图3-20　挂着“各色翠花”招牌的店铺（《乾隆南巡图》第一卷局部）

（4）漆器名香

有些工艺品是用于装饰，有些是奢侈生活的象征，当然，也有些有较强的实用性，如漆器。中国古代社会盛装东西的容器，少数是用金属、竹石、陶瓷、皮革、锦缎、纸张等制作的，大多为木制（以楠木、红木为主，也有竹编），通称盘盒。帝后贵胄及文人士大夫等出门访友或者郊游旅行，都会随身携带盘盒，用于装食品、礼品、文具等，方便提拿。很多盘盒为了确保密封、卫生、防水、轻巧等，外面刷有漆，故被称为漆器盘盒。如前文提及的餐馆送餐服务中就有漆器盘盒，还有上节所述古玩地摊的售卖物件里面也有漆器盘盒。这类器物兼具实用性、观赏性和收藏性。当然，宫廷中的漆器使用范围更广，不仅有生活日用品、文房用品和赏玩用品，还有大型的家具、宫廷典章用品和日常陈设等。

乾隆朝是漆器发展的转折点，品种丰富，《乾隆南巡图》中也有店铺售卖不同漆器。首先是“洋漆器皿”（图3-21），从名称中的“洋”字可见，这类漆器是舶来品。《红楼梦》对贾府的描写中，就不乏这类“洋漆”家具的叙述。何为“洋漆”？最早使用这一名词的是康熙皇帝[①]，其认为“洋漆”以洋人的为巧，是水土使然，并非中国人所不及。

---

① 《圣祖仁皇帝庭训格言》中有段康熙皇帝关于漆器的评价：“漆器之中，洋漆最佳，故人皆以洋人为巧，所作为佳，却不知漆之为物，宜潮湿不宜干燥。中国地爆尘多，所以漆器之色最暗，观之似粗鄙；洋地在海中，潮湿无尘，漆器之色极其华美，此各处水土使然，并非洋人所作之佳、中国人所作不及也。”

图3-21　挂有“洋漆器皿”的店铺（《乾隆南巡图》第六卷局部）

康熙皇帝喜欢洋漆，雍正皇帝亦如此。洋漆，来自日本，亦称“莳绘”，在明代，此类漆器由于其独特的描金工艺和别具一格的风貌深受中国上层社会喜爱，成为高档居室陈设中的必备物件。《遵生八笺》称“漆器唯倭为最”，漆器专著明代隆庆年间黄成的《髹饰录》也载“倭制殊妙”，可见评价之高。明代宣德年间，还有中国工匠到日本专门学习相关技艺，将之引入国内。延续到清代，由莳绘发展出的漆器风格继续流行，并获得专称“洋漆”，仿制此类器物的称为“仿洋漆”，也称作描金漆器。雍正朝、乾隆朝是洋漆生产的全盛期，清官“造办处”还设有洋漆作，工匠多来自江南。

另外，《乾隆南巡图》中也有专门店铺售卖“描金彩漆”（图3-22）。描金彩漆是描金与描彩漆两种工艺的合称，将多种漆工艺的综合运用也是清代漆器的特点之一。在清代，这类漆器物件数量较多，且造型丰富多彩，兼具实用与观赏功能。制作时，一般描金勾勒纹饰的轮廓及刻画细部纹理，以彩漆装饰花纹，既富丽堂皇，又斑斓绚丽。这类漆器有盘、盒、杯、瓶、笔筒、几等，其中，仅盘就有多种样式，如葵瓣式、海棠式、菱花式，盒有万字盒、寿字盒、八角盒、葫芦盒、六瓣盒等。宫廷档案中也不乏这类漆器的记载。

图3–22 挂着“描金彩漆”招牌的店铺（《乾隆南巡图》第六卷局部）

除却“洋漆”，还有本土生产的漆器。如“徽严生漆”（图3–23），就是指徽州与浙西严州所产的生漆合称。徽州地处皖南山区，古称新安，气候温暖湿润，自古盛产天然生漆，因漆料的充足，徽州的漆器亦很著名。明朝高濂《燕闲清赏笺》道：“穆宗时，新安黄平沙造剔红，可比园厂，花果人物之妙，刀法圆活清朗。”《髹饰录》记载了当时徽州漆器工艺发展的突出成果，其著者黄成就是安徽新安人。清代纳兰常安《宦游笔记》记载：“今江南产漆之土，十有七八，所作漆器，亦巧冠天下，而在休、歙者尤盛。凡大至屏几，小至盘盂，皆以金采描画，备极工细。”徽州富庶，漆器消费市场巨大，民间常用的生活器具如漆杯盘、盒箱、屏风等，镶嵌彩画，精细工致。同时，徽州民间日用器皿又有当地地方特色，即多以木、藤或竹编为胎，以淡水螺钿或彩画为装饰。

图3-23　挂着“徽严生漆”招牌的店铺（《乾隆南巡图》第六卷局部）

除此以外，清代乾隆年间，还出现了多个漆器制造中心，且各有特色，如北京、苏州的雕漆，扬州的螺钿、嵌百宝，福州的脱胎等。由于过分追求装饰，漆器的烦琐、巧媚之风滋长，无益的装饰与华丽烦琐的外表，胜于实用功能，失去了明代以来的典重淳厚，开始逐渐失去活力。

还有一类物品，制作既需要工艺，又是日常消耗品，其使用离不开特定的工艺品，是特定生活方式的体现。香就是这样一类物品。

古代的香以芳香药材为主料，配方讲究，兼具养生功能。香既是祭祀，敬奉天地、日月、先祖、神明用品，也是日常生活用品，可用于室内熏香、熏衣熏被、祛秽致洁、养生疗疾等。无论是作为居家空间的客厅、卧室、书房等，还是作为公共空间的朝堂、府衙、茶坊酒肆等，都有设炉熏香。

从《乾隆南巡图》中可见两处店铺与香有关，一处是“万香楼”，“虔造各种上品名香”（图3–24），还有一处是“虔造供佛沉檀上品名（香）”（图3–25）。两处店铺都颇具规模，货品码放整齐。出售香，这也折射出清代闲雅的生活方式——读书办公有香，参禅论道有香，吟诗作赋、抚琴品茗有香，天子升殿、府衙升堂有香，宴客会友有香，婚礼寿宴有香……

有意思的是，南巡图中还提到供佛所用之香。明清时期，民间的寺庙烧香也是百姓的“游观”活动之一，不仅有庙宇烧香，还有寺院烧香，在某些庙会时刻，烧香的人更加络绎不绝。苏州府城隍神庙就是城内香火最旺的地方，尤其是庙会之时。也有到城外烧香的习俗，清代的人们会结伴“朝山进香”，如时人所说，“（士女）借烧香以游衍”。综合上述看来，一些人进香，表达虔诚是一方面，更重要的是游览，这也是明清休闲活动的方式之一。

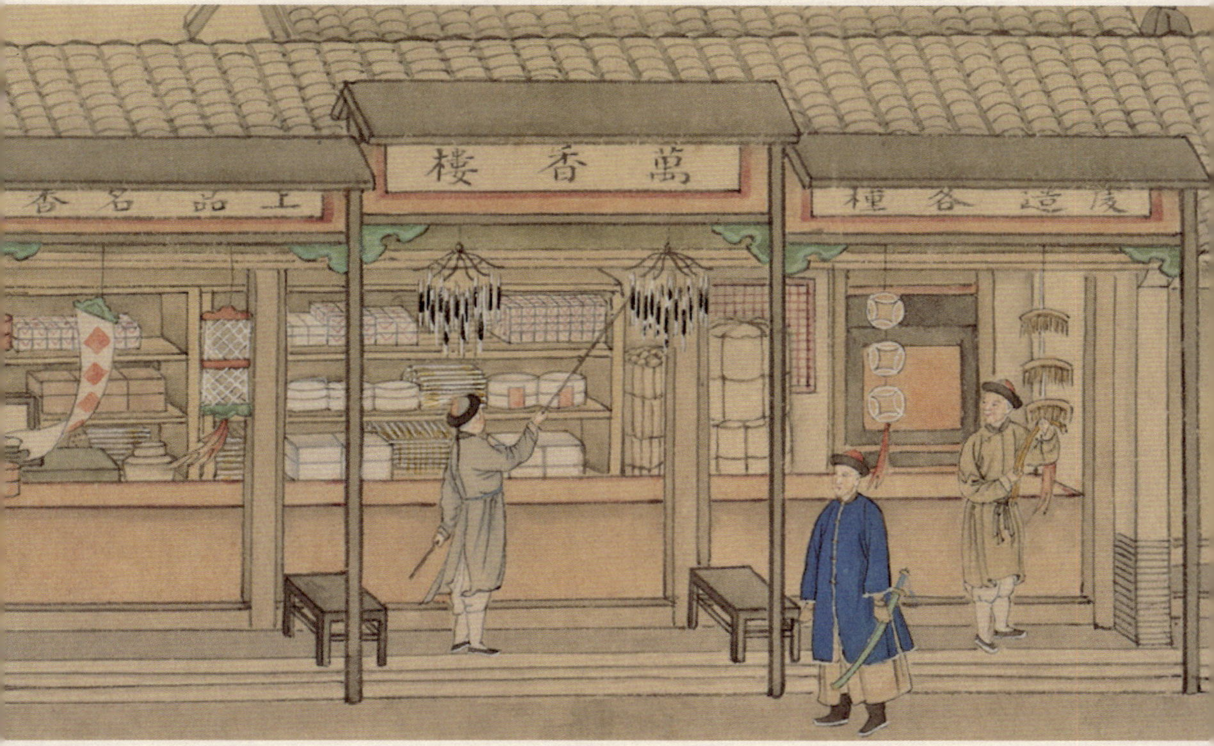

图3-24　万香楼“虔造各种上品名香”的招牌（《乾隆南巡图》第一卷局部）

图3-25 “虔造供佛沉檀上品名（香）”招牌（《乾隆南巡图》第一卷局部）

二、闲雅生活

闲雅生活是清代盛世的另外一种侧面。

1. 盆景

在《乾隆南巡图》的市井生活中，不乏一些细节，昭示着清代人的雅致生活。无论是店铺里，还是居室里，无论是几案上，还是书桌旁，无论是居家时，还是游坊间，都少不了盆景的身影。当然，也有专门售卖盆景的店铺，虽少，却也忙得不亦乐乎（图3-26、图3-27）。

图3-26　售卖盆景的店铺（《乾隆南巡图》第六卷局部）

图3-27　店铺里的盆景（《乾隆南巡图》第六卷局部）

明朝屠隆著有《考槃余事》，在“盆玩笺”中记载：“盆景以几案可置者为佳，其次则列之庭榭中物也。”（图3-28、图3-29）这些盆景有大有小，有些是陈于案头，一个小瓷瓶内有花枝一个，也有些是小的盆栽植物，并配以怪石等配件点缀，还有些比较大型的，摆在院落里面（图3-30、图3-31）。这些植物一般都是应季的花草，从南巡图创作背景来推测，皇帝南巡季节在冬春之际，且这些盆景描绘苏州多于北京，可推测瓶花应该多为蜡梅；苏州一带的盆栽花卉植物应该还有杏花、李花、桃花等。除此以外，还有众多植物用于盆景中，如短松、矮柏、冬青等。花卉类有草兰、玉兰、海棠、牡丹等。草木类有翠云草、醒头草、阶沿草、吉祥草、怕羞草等。树有铁树、棕榈、芭蕉、仙人掌、寿星竹、白竹、方竹、紫竹等。结实类的植物有天竹、佛手、香橼、葡萄、柑橘等。

图3-28　几案上的盆景（《乾隆南巡图》第六卷局部）

图3-29　生活中的盆景（《乾隆南巡图》第一卷局部）

图3-30　院中盆景之一（《乾隆南巡图》第一卷局部）

图3-31　院中盆景之二（《乾隆南巡图》第六卷局部）

盆景是一种别具一格的中国传统艺术形式，通过对花草树木等植物进行特殊的栽培处理，加入各种人工配景，将自然景物缩微、放置在方寸的花盆中，以供赏玩。盆景集园艺技巧、绘画审美与诗歌意境于一身，陈列厅堂，放于居室，置诸几案，达到美化居室环境、增添生活乐趣的目的。盆景折枝花卉的意象也与写意花卉有异曲同工之处，文献记载中都喜欢以画家画作比拟，文震亨《长物志》卷二有《盆玩》载："盆玩，时尚以列几案间者为第一，列庭榭中者次之，余持论反是。最古者以天目松为第一，高不过二尺，短不过尺许，其本如臂，其针如簇，结为马远之欹斜诘屈、郭熙之露顶张拳、刘松年之偃亚层叠、盛子昭之拖拽轩翥等状，栽以佳器，槎牙可观。"上文中就以马远、郭熙、刘松年、盛懋画作比拟盆景的上品。

苏州是重要的盆景产地，《遵生八笺》卷七载：“高子曰：盆景之尚，天下有五地最盛：南都、苏、松二郡、浙之杭州、福之浦城。人多爱之，论值以钱万计，则其好可知。但盆景以几桌可置者为佳，其大者列之庭榭中物，姑置勿论。”苏州的花树盆景店铺也颇为红火，其处在水路交通便利之地，货物运输十分方便（图3-32）。

文献记载有：“自桐桥迤西，凡十有余家。皆有园圃数亩，为养花之地，谓之园场。”（清康熙《苏州府志》卷二十一《风俗》）园场中的人以接萼、寄枝、剪缚、扦插为能制作盆景，“或有于白石长方盆叠碎浙石，以油灰胶作小山形，种花草于上为玩者”。

苏州一带的盆景销往很多地方，以苏州山塘虎丘花市最为著名。“大抵产于虎丘本山及郡西支硎、光福、洞庭诸山者居半。其有来自南路者，多售于北客；有来自北省者，多售于南人。惟必经虎丘花农一番培植，而后捆载往来”（顾禄《桐桥倚棹录》卷十二《园圃》），或者“艺花者率皆洞庭山及光福乡人，花时载至山塘花肆求售”（顾禄《吴趋风土录》）（图3-33）。

图3-32　盆景运输（《乾隆南巡图》第六卷局部）

图3-33　船顶的盆景（《乾隆南巡图》第六卷局部）

盆景的演进发展与中国古典园林艺术的演进密不可分。中国的插花文化历史悠久，据史书载，晋代诗人陶渊明曾盆栽花卉。从唐代章怀太子墓的墓道壁画中可见，一位侍女捧着一盆结缀果实的小树，说明唐代已有此物。唐冯贽在《记事珠》中夸道：“王维以黄瓷斗贮兰蕙，养以绮石，累年弥盛。”诗人白居易曾作诗，歌颂山水盆景，曰：“烟翠三秋色，波涛万古痕。削成青玉片，截断碧云根。风气通岩穴，苔文护洞门。三峰具体小，应是华山孙。”宋元时期，盆景被称作“些子景”，即有小景致之意。宋人王十朋在《岩松记》曾记载松树盆景“友人有以岩松至梅溪者，异质丛生，根衔拳石茂焉，非枯森焉，非乔柏叶，松身气象耸焉，藏参天覆地之意于盈握间，亦草木之英奇者。余颇爱之，植以瓦盘，置之小室……”（出自《广群芳谱》卷六十八木谱）明代始有盆景之名，并逐步发展成熟。清代时期发展到了鼎盛阶段。自清初起，盆景栽植盛极一时，许多诗人曾题咏盆景，还有一些著作中述及盆景艺术。清初刘銮在《五石瓠·盆景》中有载：“今人以盆盎间树石为玩物，长者屈而短之，大者削而约之，或肤寸而结果实，或咫尺而蓄鱼虫，概标盆景，想亦始自平泉、艮岳矣。”

清代除在插花技艺、花型创构、风格流派等插花艺术实践方面均有很大发展、达到很高成就以外，在插花艺术理论方面，也涌现出一大批著作，如《瓶花三说》《瓶花谱》《瓶史》及《瓶史月表》《山斋清供笺》《考槃余事》《文具雅编》《花史左编》《浮生六记》等。

除却植物盆景，清代也盛行盆景工艺品，即像生盆景，系用各种珍贵材料如玉石、金银、铜铁、珐琅、漆器、珍珠，玛瑙、绢纱、丝绸、珊瑚等巧作，惟妙惟肖。这些盆景往往是清宫中佳节庆典上不可缺少的贡品，既讲究设计制作的巧妙性，又兼顾布局构图的艺术性，但更注重材质的珍稀性和景致题材的寓意性。也正因为有了宫廷喜好的助力，才催生出民间多姿多彩的盆景。

2. 戏曲

乾隆年间，文治武功，盛极一时，戏曲也得到空前发展。六次南巡，沿途臣民皆以大戏承应，其盛况在《乾隆南巡图》中也有多处体现。

京杭大运河刚刚进入苏州境内，在长洲县南望亭镇河岸旁有一座高大的戏台。此戏台与“万国欢腾”的牌坊分布于河岸两侧，布景精致，五位仙女模样的伶人手捧仙桃起舞（图3-34）。经考文献，有可能是宫廷元旦应承戏《寿山福海》，也有可能是《南巡秘纪》中所提到的《幻桃》一篇，内容大概是各路神仙下凡恭祝皇帝、太后福如东海、寿比南山。事实上，江南地区为了应銮演戏，引入了一些宫廷剧目，本地也盛产伶人，因此上演大戏不是难事。

图3-34　戏台及演出一（《乾隆南巡图》第六卷局部）

顺运河而行，可见又一座戏台，戏台底座约有一人高，台下聚拢着不少观众；戏台装点华丽，四周挂有灯笼；戏台正中衣着华丽者应该是西王母，后有侍从执扇而立，侧有一女子手捧托盘，上有仙桃，两侧各有女侍从恭敬站立（图3-35）。正在出演的可能是《瑶池圣母》，也称《瑶姬献寿》，主角西王母为古代神话中的女神，曾赠给汉武帝一

图3-35 戏台及演出二（《乾隆南巡图》第六卷局部）

枚三年方成熟的仙桃。每到仙桃成熟时，西王母大开寿宴，上界天仙们纷纷来祝寿。此戏与《麻姑献寿》同为祝寿之用，寓意吉祥，场面喜庆。

这些都是搬演的折子戏，这些折子戏一般取材于大戏，取较为精彩的章节进行演出。这样的好处在于，皇帝及随行南巡时期往往事务繁多，日程紧凑，无暇看完整大戏，截取精彩章节，既能保证了排场，吸引注意，又能够减轻戏班排练负担，利于准备。另外，类似的折子戏还有《西王母献图》《东方朔偷桃》《华封人三祝》等。

饮马桥边，生旦丑角正在演出，此戏台没有前两个开阔，却为双层顶，上有牌匾“玉节金和”（图3-36）。从舞台规模、丑角出场及伶人扮相看，这应该是出诙谐幽默的民间小戏。这类戏流行于民间，通常情节精彩热闹，声腔曲调优美婉转，打斗场面扣人心弦，幽默讽刺，诙谐滑稽。小戏后传入宫廷，供皇帝和后宫休闲时观赏，视听上给人以享受，可排遣政务繁杂造成的压力，因此是帝王闲暇时的首选。如上述这类调笑幽默剧，伶人以夸张传神的表演博得观众的开心，也往往是帝后借以解闷逗乐的工具。如乾隆时期流行于北京的《双麒麟》就是民间流入内廷的小戏。

胥门外，皇帝正骑马经过，戏台正在上演大戏（图3-37）。因背对街道，因此见不到前台的演出，却可见后台的伴奏在紧锣密鼓地进行，也有准备登场的伶人在做准备工作，道具也整齐排布在角落。

图3-36　戏台及演出三（《乾隆南巡图》第六卷局部）

图3-37　戏台后台一（《乾隆南巡图》第六卷局部）

无独有偶，此类对于戏台后台描绘的场景还有另外两处，分布在一座石桥两侧不远处（图3-38、图3-39）。三处后台，排布基本相近，中间都有一桌，摆放乐器，或者茶杯，伴奏者围坐或站立四周。乐器分两类。管弦类有双笛，也称“雌雄二笛”，佐之以笙，还有三弦，也称弦子；另一类是打击乐，有鼓，也有板。从上述乐器及演出地点看，三场戏应该都是昆腔戏，即昆曲[①]。

乾隆年间，昆曲戏班的伴奏乐器，打击乐有鼓板、大钹、小钹、大锣、小锣、汤锣、云锣、木鱼等；管弦乐器有雌雄二笛、笙、唢呐、号筒、三弦等。其乐器配置、乐手的职能和座位，与后世昆腔班相差无几，由此可见，昆腔戏班伴奏乐器的体制已然确立。

当然，这一体制的确立与苏州一带民间盛行的乐器“十番”密切相关。十番，又称十不闲、十样锦，有九样乐器：鼓、笛、木鱼、板、拨钹、小铙、大饶、大锣、铛锣，其中木鱼、板为一人演奏，以鼓、板、笛为主要乐器。明末，苏州一带又创新十番，其器为笙、管、弦。

① 据《扬州画舫录》卷五载，当时扬州昆腔班的乐器及乐手在台上的位置如下：“后场一日场面，以鼓为首。一面谚之单皮鼓，两面则谓之勃荠鼓。名其技日鼓板。鼓板之座在上鬼门。”“弦子之座，后于鼓板……弦子之职，兼司云锣、唢呐、大钹。”

“笛子之人在下鬼门，例用雌雄二笛……笛子之取兼司小铙。”

“笙之座后于笛。笙之职亦萧唢呐。”

“场面之立而不坐者二：一曰小锣，一曰大锣。小锣司戏中桌椅床橙（凳），亦曰走场，兼司叫颡子。大锣例在上鬼门……至于号筒、喇叭、木鱼、汤锣，则戏房中人代之，不在场面之数。”

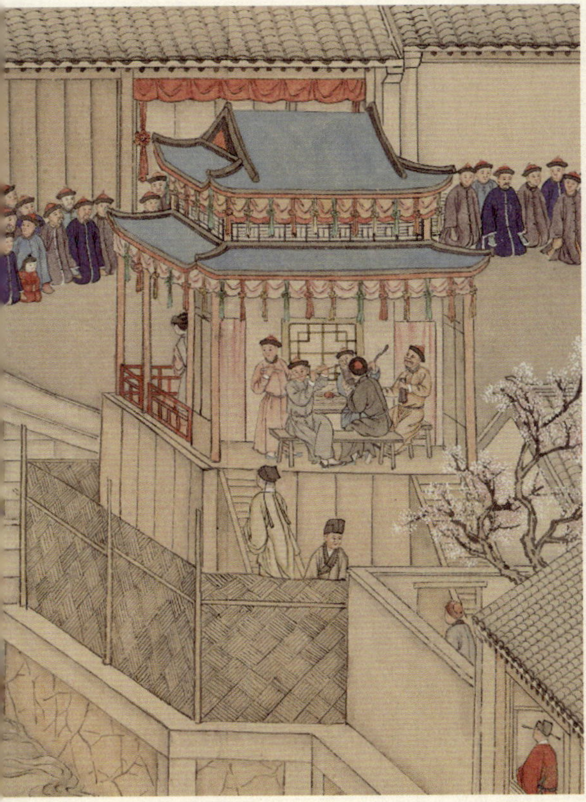

图3-38　戏台后台二（《乾隆南巡图》第六卷局部）

图3-39　戏台后台三（《乾隆南巡图》第六卷局部）

其中，管可能来自昆曲；弦，即三弦，可能来自弦索。康熙年间，苏州“新十番”又有“十番箫鼓”之称，增加了箫。乾隆年间，十番在不少地方盛行，北京南府专门设在“十番处”。乾隆皇帝南巡江苏扬州驻驿处，常以十番迎接圣驾。

观赏完了后台，再来看一下皇帝行宫附近的几处戏台，它们分布于行宫四周及必经街巷。在路口的戏台上，有几个人在围绕大象起舞。这应该是清代的民间杂戏，也可称为动物戏，有点类似今天的马戏。这也是民间小戏的一种，借中间的大象寓意太平景象。清代时期，马、象、骆驼等动物就被训练上台表演了，据说清代八旗子弟的“善扑营”中就有专门进行马技表演的艺人。在《乾隆南巡图》第一卷还可见到，乾隆帝南巡时用大批训练过的大象组成仪仗队以壮皇威。在民间集市、庙会上，也会有杂技艺人表演动物戏（图3-40）。

另外三处戏台上还在上演戏曲，其中之一是演才子佳人类型的戏曲（图3-41），一处台上有一个书生模样的人（图3-42），还有一处上演的应该是忠君类型的戏曲（图3-43）。由于南巡具有政治目的，南巡期间的戏曲内容也都迎合圣意，以粉饰太平、导正风俗为主。南巡期间的承应剧目和内廷相似，也是以迎銮大戏、折子小戏和民间小戏为主。另外，乾隆皇帝“须演新戏”的需求，使得江南织造和两淮盐务还聘请名士为南巡新制词曲，满足皇帝观剧喜好，这些都有明显的御用色彩，有如下特点：重歌舞轻故事，称颂太平盛世，取材鬼神者，具有强烈的劝善惩恶的说教意味，取材历史故事者，有忠君爱国的政治色彩。

图3-40　动物戏（《乾隆南巡图》第六卷局部）

图3-41 才子佳人戏（《乾隆南巡图》第六卷局部）

图3-42　沿街搭建的戏台（《乾隆南巡图》第六卷局部）

图3-43　忠君类型的戏曲（《乾隆南巡图》第六卷局部）

南巡之处，江南臣民皆以戏承应，造就了戏曲事业繁荣的局面。当然，乾隆皇帝也欣赏戏曲艺术，回京时，带回南方的艺人戏班在南府演戏，命名为“新小班”，入宫的民间艺人还形成与太监学戏者相区别的“外学”；同时，一些民间小戏进入宫廷，新戏的创作也促进了戏曲的繁荣。

钱泳《履园丛话》言："梨园演戏，高宗南巡时为最盛，而两淮盐务中尤为绝出，例蓄花雅两部，以备演唱。"乾隆皇帝的需求及盐务官员商人的迎合，造就了新的社会风尚和戏曲的繁荣，对此后的戏曲流传、唱腔流变等产生了深远的影响。

三、形象塑造

乾隆帝是中国古代历史上执政时间最长的皇帝，是最长寿的皇帝之一，也是画像最多的皇帝之一。把最高统治者作为画像对象的帝王图像产生于中国远古时期，后不断发展，到乾隆皇帝时期可谓到达顶峰。皇帝画像多以写实方式描绘，由宫廷画师完成。乾隆帝的画像系列大致可以分为三类：一是朝服像（见本书图1-3），这类画像通常是其全身肖像，只见乾隆帝着朝服，正襟危坐于龙椅之上；二是行乐图，是表现乾隆帝日常生活的图像，也可看作游玩消遣状的人物图像，如读书像、汉装像、佛装像等（图3-44）；三是历史画，即表现皇帝重大历史事件的图像，这类图通常以描绘历史事件为主，画中皆有皇帝的形象出现。

图3-44　是一是二图（藏于故宫博物院）

《乾隆南巡图》为乾隆朝众多历史画作之一，以长卷的形式描绘了乾隆帝第一次巡幸江南的盛况，是以图证史的典范。此图效仿《康熙南巡图》，以中国画传统写实画法描绘了南巡沿途的锦绣河山、南北城乡、人情世态，乾隆帝的形象每卷出现一次，表现其南巡沿途省方观俗、察吏安民、视察河工、检阅师旅、祭祀禹陵和游览名胜古迹等重要活动，同时全方位塑造了乾隆的形象，反映清朝鼎盛时期中国政治、经济、文化、社会风貌，堪称宫廷绘画杰出的鸿篇巨制。

1. 南巡御容

《乾隆南巡图》共十二卷，乾隆皇帝的形象也出现了十二次，且各不相同：第一卷《启跸京师》描绘乾隆皇帝从京城出发，开始南巡的情形。其在仪仗队引领下面色平和，在九龙曲柄黄华盖下，骑白马缓缓前进。其头戴红绒结顶玄色行冠，身着石青色行褂、黑色行裳，穿黑色缎靴（图3-45）。第二卷《过德州》，此卷中乾隆帝经过直隶到达山东境内。其在运水浮桥之上，坐在八人抬的轻步舆上前行，服饰与第一卷相同。第三卷《渡黄河》，描绘南巡途中乾隆乘龙船渡黄河的情形。其盘腿端坐于龙船宝座上，仪态安详，平视对岸。第四卷《阅视黄淮河工》，描绘乾隆帝阅视淮安府险要河工的情形。乾隆帝戴黑色行冠，着行服，立于九龙曲柄黄华盖下，向对面跪立官员讲话。据推测，此人应为河道总督高斌。第五卷《金山放舟至焦山》，描绘乾隆帝自金山乘船去焦山之时，其端坐于船舱中远眺的情形。大舫构置精致，上高挂黄龙帆。第六卷《驻跸姑苏》，描绘其经过胥门进入苏州的情形。乾隆帝服饰、神情、动作与第一卷类似，侍从排列与马匹颜色略不同。第七卷《入浙江境到嘉兴烟雨楼》，绘其入浙江在嘉兴县秀水镇运河上乘船前往烟雨楼的情形。乾隆帝乘坐居首的一艘长方形船只，盘坐在船头红漆金交椅上。第八卷《驻跸杭州》，关于乾隆皇帝的画法与第一、六卷类似，但描绘的是其沿西湖苏堤游览的情形。第九卷《绍兴祭大禹庙》，描绘在九龙曲柄黄华盖引导下，乾隆皇帝戴着青绒行冠，穿着石青行褂，平和而从容地走向大禹庙祭拜情形，数名文武大臣扈从其后。第十卷《江宁阅兵》，描绘乾隆皇帝在江宁（今属江苏南京）检阅八旗兵盛况。其头戴凉帽，盘膝坐在黄幄中的红木椅上，凝视远处勇士的骑射演练。第十一卷《顺河集离舟登陆》，描绘乾隆帝乘舟驻跸宿迁县顺河集之时，在此离舟登陆、乘马北归的情形。其头戴凉帽，骑白马前行，御前侍卫高举九龙曲柄黄华盖紧随其后。第十二卷《回銮紫禁城》，描绘乾隆帝南巡回京即将步入紫禁城的情形。其面部平和中略带喜色，盘膝坐在十六人抬的轻步舆上。

图3-45　乾隆帝骑马像（《乾隆南巡图》第一卷局部）

总地来看,《乾隆南巡图》中，乾隆帝的形象呈现出如下几个特征。

交通工具方面，在陆地上有两种：一是骑马前行，如第一、六、八、十一卷；二是乘步舆前行，如第二、十二卷（图3-46）。水路上则为乘船行进，如第三、五、七卷。在动作姿态方面，以骑马、端坐为主，又间以站立、行走，则与所从事活动契合，如第四卷中阅视河工时采取站立姿势，管理河工的官员则跪地。第九卷中则是采取行走姿态前去致祭。面部朝向方面，除第七卷《入浙江境到嘉兴烟雨楼》中为正襟危坐，第十二卷《回銮紫禁城》中为纯侧面画像，皆为四分之三侧面像（图3-47）。

服饰方面,《乾隆南巡图》整卷中，皇帝共有三身服饰：第一卷中为头戴黑色行冠，身穿石青色行褂、黑色行裳，穿黑色缎靴；再有第五卷中，服饰略有不同。第十、十一卷中则头戴凉帽。第九卷中祭拜祖先服饰又有不同。服饰的不同，不仅契合其南巡的活动，也在一定程度上表明了季节的变化。

从形象塑造看，无论乾隆皇帝出现在画卷的前部、中间还是后部位置，总是居于画面最为显眼的区域，这得益于侍从的排列组合及黄伞盖的引导作用。在人物比例方面，乾隆帝人物形象总是略大于周围人物，再者，其头部所占比例略大于身体。这些画法的运用，聚焦乾隆帝在国家重大事件中某个瞬间的形象，使其在整个画卷中得以凸显，来传达盛世帝王的尊严和风采。

图3-46　乾隆南巡形象（《乾隆南巡图》第二卷局部）

图3-47　乾隆南巡回銮形象（《乾隆南巡图》第十二卷局部）

事实上，绘制皇帝的肖像是宫廷画家的专属，即使民间进献皇帝的画卷也不可以随便出现皇帝的形象。无独有偶，天津博物馆所藏的《万笏朝天图》卷亦是描写乾隆南巡的画卷，为清宫旧藏。此卷描绘了乾隆帝南巡途经姑苏（即江苏苏州）时官民迎接御驾的盛大场景。此卷为瓷青绢地金碧山水人物画长卷，卷高56.3厘米，卷长则有17米多；卷首钤有“宣统御览之宝”印玺，规模亦较大，且比南巡图更加富丽堂皇。《万笏朝天图》卷生动细致地再现了乾隆南巡至苏州时各方接驾的场景，可让二百多年后的我们对这一盛事有更为直观的印象。

此幅作品是范仲淹后人范瑶请画工所绘，为感谢皇帝南巡至范公祠堂并题写“高义园”之皇恩所进呈。有意思的是，南巡的主角乾隆皇帝本人的形象在图中并未直接出现，而是以茂密的林木掩映中微露一角的九龙曲柄黄华盖代替。有学者研究后认为，这种绘画方式可能与本图作为南巡补记或前期路线准备的汇报进呈本有关，即民众演练接驾的实况。笔者却认为，这是避讳所致，即皇帝御容在民间是不可被随意描绘的，因此用杏黄伞盖代替。

对比两幅南巡图卷后可推测，皇帝肖像的绘制往往是宫廷画师的专属。上文提及的一些特征也广泛存在于其他肖像画作中，只是在《乾隆南巡图》十二卷中体现得更加集中、统一。此乃对于传统写实肖像画的继承，也是乾隆帝审美趣味的体现。南巡图画作中皇帝头部所占比例更大，面庞更加饱满，是画师有意迎合皇帝审美所致，连传教士画师都知道“最讨乾隆皇帝喜欢的是他的头比一般人大，身躯比一般人魁梧”。同时，单就皇帝个人形象看的话，画家运用中西合璧画法，描绘人物透视准确，是中国写实绘画融汇西画科学精神的体现与改造，这是乾隆时期宫廷绘画的典型特征，也引领了当时的画坛风尚。

2. 真实面孔

长久以来，关于皇帝的形象是个有意思的话题，史书的记载抽象而笼统。比如，《清史稿》关于乾隆相貌的记载用了“隆准颀身”一词，很抽象，也很简练。事实上，这是一个描写皇帝的经典用词，在《东华录》[①]中，描写雍正帝时用了同样的词汇。相较之下，《东华续录》中描写相对详尽：“生而神灵，天挺奇表。殊庭方广，隆准颀身，发音铿洪，举步岳重，规度恢远，嶷然拔萃。”[②]然而，仔细审视，塑造最高统治者的皆为形容词，形容声音、相貌奇伟，但并没有具体形貌的描绘，因此，通过古代文献了解乾隆相貌并不具体而可靠。

存留的肖像画提供了可资借鉴的图像形象。然而，朝服图往往坐姿或者形态类似，从行乐图中则能看出皇帝的某些生活情趣和状态，而如果看皇帝对于自我形象的塑造，则应该从历史画中皇帝的肖像上

① 《东华录》卷二十四，清乾隆刻本。文献中载雍正皇帝“天表奇伟，隆准颀身，双耳丰垂，目光炯照，吐音洪亮，举止端凝，大智夙成，宏才肆应”。

② 《东华续录（乾隆朝）》乾隆一，清光绪十年长沙王氏刻本。

寻找痕迹。历史画中虽然人物尺寸相较前两者较小，但往往是着朝服或者礼仪性服饰，且通过大量背景描述，可见皇帝性格及相关政治观点。那么，这些肖像画和皇帝本身差距有多大呢？

从考古人类学角度说，如果找到尸骨遗存，是可以部分复原体貌的。然而，由于裕陵被盗，无法使用科学的手段恢复其本真面貌。而从上文中也可得知，皇帝的肖像绘制权掌握在画师手里，却受皇帝审美主导及帝后肖像画制式限制，无法客观表现。好在，马戛尔尼使团访华时留下的一些记载及铜版画为我们提供了了解乾隆帝真实面孔的另一种方式。

“这天是皇帝刚满85岁的日子，他登极至今已57年。他虽然有一双黑而锐利的眼睛，但是他的仪容则表露出他的品格上的仁慈与和善，和他的崇高地位上的稳重庄严。这是内心修养的结果，不是外表上的雄伟。”①

“皇帝身长约5英尺10英寸，身材细长，体态文雅，面色是比较皙白，虽然眼睛是黑的；鼻子略呈钩形而整个外貌是完整匀称，不像他所说的这样高龄的样子；他有动人的风度，和蔼的举止而这并不对皇帝的尊严有所减色，这显示出这个人的可爱性格。他的服装是一件宽大黄绸袍子，黑色丝绒帽，红顶子，装上孔雀翎毛，这是高级官员特

---

① ［英］爱尼斯·安德逊著，费振东译：《英国人眼中的大清王朝》，群言出版社，2002年版。

有标志。他所穿的丝质的靴绣上金色，腰间束一条蓝绸腰带。”[①]

从上述可知，清高宗身高只有约1.65米（五英尺十英寸），并未像肖像画中绘制的那样身材出众，高于周围人；然而，其气质却非常出众，目光有神，衣着华丽，富有修养，既仁慈、和蔼、可亲，又有威严。这样的信息同样体现在同时代的写实绘画中。随行画家有一幅皇帝画像（图3-48）传世，画中的皇帝单人侧面像，以素描着色的方式描绘，皇帝身着石青色朝服褂，戴朝珠，一脚踩在脚踏上，另一脚着地，双手搭于龙椅上，端庄威严，精神矍铄，目光坚定。这类画像有点类似“皇帝朝服像”，但角度描绘方式大有不同。而另外一幅画《小斯当东拜见乾隆皇帝》（图3-49），也是以皇帝为中心的群像描绘，刻画了皇帝在高台上递给小斯当东荷包的场景。高台下，两人皆为侧面像，一侧是身着补服的清代官员，另一侧是马戛尔尼访华使团成员，同样有黄伞盖等皇家礼仪物品出现。在这幅画作中，皇帝依旧非常突出，并非通过夸张改变比例的方式，而是通过人物疏密排列的方式，一些道具场景的描绘以及光影明暗对比，来突出事件的中心人物。

① ［英］爱尼斯·安德逊著，费振东译：《英国人眼中的大清王朝》，群言出版社，2002年版。

图3-48 ［英］威廉·亚历山大《乾隆皇帝》

图3-49 ［英］威廉·亚历山大《小斯当东拜见乾隆皇帝》[①]

《乾隆南巡图》虽采用中国画写实画法，不注重光影、立体感等因素，以兼工带写方式绘制，较为细致，同时在塑造形象时，也运用了夸张手法和写意精神。画家刻意将人物形象高大化，头部画大，这是

① 引自［英］威廉·亚历山大著，赵省伟等译：《西洋镜：中国衣冠举止图解》，北京理工大学出版社，2016年版。

自《步辇图》以来就有的传统。虽然《乾隆南巡图》画像与西方画作画法差距较大，但事实上也借鉴了某些西画因素，这些因素都是皇帝审美的体现，他们与历史事件组合在一起，成为乾隆皇帝形象工程中的重要一项。

3. 形象塑造

"自清顺治以来，皇帝都重视'御容画'，即以皇帝为主人翁的典礼、巡幸题材的绘画。"[①]这也是康、雍、乾三朝宫廷画院中创作的有特色、受重视的部分。乾隆皇帝是历代帝王中肖像画数量最多的，其肖像画极具丰富性和复杂性，又有规律可循，打破了历代帝王肖像的单调格局。

事实上，《乾隆南巡图》是乾隆皇帝形象塑造工程之一，其跟皇帝其他的肖像画在形式上既有区别又有联系，组合在一起显出了皇帝的审美趣味。如第一、八卷中的乾隆皇帝形象比照《乾隆大阅图》来看，虽衣着、背景、马匹品种不同，但人物、马匹非常类似，包括马匹头部的角度，鬃毛的描绘，上面的装饰，人物的角度、动态。《乾隆南巡图》中，乾隆皇帝骑马形象的图示，可以被看作《乾隆大阅图》的镜面反射，有意思的是，唯一的区别是手臂的塑造，但相同的是，皇帝都用左手牵着缰绳。在两幅重要画作中都采用这样的图示，可以看出

① 杨伯达：《清代院画》，紫禁城出版社，1993年版。

这是皇帝所认可，并被固化的形式。这也是中西融合的结果。

为帝王绘制骑马戎装像的传统由来已久，如古希腊的《奥利留斯骑马像》（图3-50）、提香的《查理五世骑马像》（图3-51），并且一直到十九世纪，仍在运用这种图示，如《跨越阿尔卑斯山圣伯纳隘口的拿破仑》（图3-52）。而郎世宁将这一图示引入中国，吸收了中国传统的“写真”技艺，去掉了面部凹凸感，描绘不受光线变化影响下的常态化相貌。事实上，他所绘制的人物五官清晰、细腻柔和，注重体面结构，带有一定的立体效果，衣服质感也特别强，具有“光润感”。而《乾隆南巡图》则在此基础上，使人物面部进一步平面化，服饰也有一定的立体感，却远不如郎世宁的质感强烈。相较于中国绘画中的人物鞍马图，如韩干《牧马图》、李公麟《五马图》（图3-53）等，郎世宁的画风对南巡图画法的影响更为强大、直接。

图3-50 《奥利留斯骑马像》（藏于意大利罗马卡比托奈博物馆）

图3-51 ［意］提香·韦切利奥《查理五世骑马像》（藏于马德里普拉多博物馆）

图3-52 [法]雅克-路易·大卫《跨越阿尔卑斯山圣伯纳隘口的拿破仑》(藏于法国吕埃马勒梅松镇玛拉玛颂城堡)

图3-53 《五马图》局部（藏于日本东京国立博物馆）

从上述可知，乾隆皇帝不仅是画中人，也是参与者，更是皇帝形象塑造工程的总指挥，让不同的画家通过不同画作传达了类似的审美。不仅于此，乾隆皇帝还试图通过《乾隆南巡图》塑造自我形象，当然这从人物本身的描绘上看不出来，还要靠周围物像的衬托。

画作首先展现了盛世风采，描绘了江南两大城市苏州和杭州的繁华市景：为迎驾所搭建的彩棚、戏台以及繁忙的运河，兴盛的商业等。同时，也兼顾到了皇帝的形象，如亲临一线视察河堤海塘工程，再如体察民情，还有提倡节俭。实际上，这也是人为加工的结果。在第三卷《渡黄河》中，皇帝渡河时乘龙舟，而河面上伴驾的则是民家小舟，大面积表现了黄河的宽阔壮丽。然而，据《南巡盛典》载，乾隆帝渡黄河动用船只多达一千多艘，场面奢华。从现存这一卷的稿本中也可以看到，伴驾的船只经过了修改。

四、文化壮举

《乾隆南巡图》有十二卷，有绢本、纸本各一套，是集诗、书、画为一体的鸿篇巨制。这一巨作除了对繁华盛世社会生活的描绘外，更重要的是要再现乾隆南巡这一重要历史事件。《南巡盛典》载："临御五十年凡举（西师、南巡）二大事。"事实上，对于这样一个历史重大事件，《乾隆南巡图》只是一个典型的代表作品，除此之外，不乏其他作品和其他形式的呈现，比如《南巡盛典》，其亦为《四库全书》的一部分。乾隆朝有很多文化壮举，关于南巡的画作及文献只是其中的一个缩影，折射着文化光彩。

1. 左图右史

“左图右史”，早期称“左右图书”，最早出自《新唐书·杨绾传》：杨绾“性沈靖，独处一室，左右图史，凝尘满席，澹如也”。“图”本义指“书”，此词原用以形容藏书多，嗜好读书；后来，词义发生了衍化，如清代冯桂芬《〈太上总应篇图说〉序》所说：“古之学者，有左图右史之设。史以记微恶，示劝惩也；图载星辰、山川、苹木、鸟兽之形，以资多识。”“图”，表示“有插图的读物”。今天，继续加以引申，指借助纪实图像来以图证史，弥补历史文献中的不足。当然，图像也能使文献更加立体化、形象化。

《南巡盛典》（图3–54）本身就是“左图右史”的历史著录，即有插图的文献（图3–55），而《乾隆南巡图》和《南巡盛典》也是“左图右史”的关系，即以图证史。事实上，无论是《乾隆南巡图》还是《南巡盛典》，都是对于乾隆南巡这一历史事件的记载，且为官方正史，如前文所提及的乾隆皇帝画像，亦有美化、改变的成分。但无论如何，它们是了解乾隆南巡历史事件的第一手资料，其学术价值不言而喻。

《南巡盛典》为乾隆时任两江总督的高晋纂辑，历时三十三年完成初稿，大学士傅恒校阅，全书一百二十卷，记录了清高宗于乾隆十六

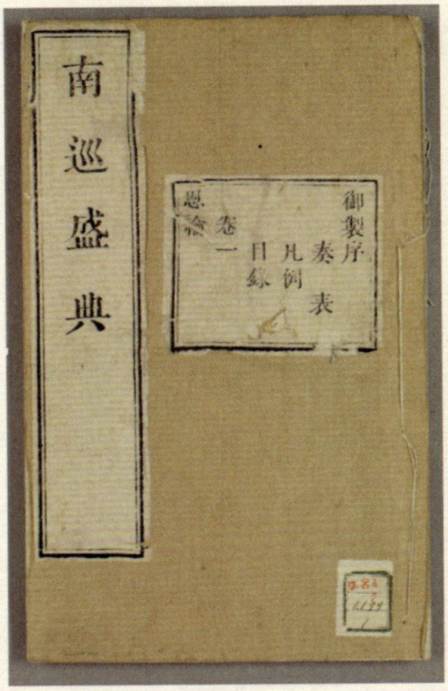

图3-54 《南巡盛典》封面

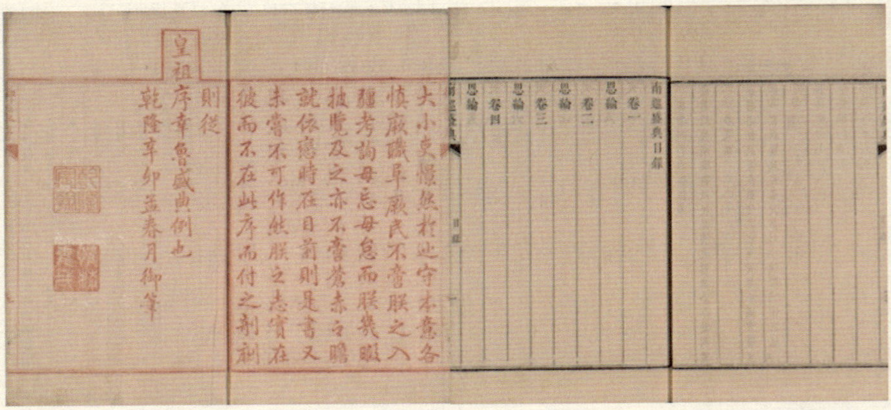

图3-55 《南巡盛典“序”》与《南巡盛典“目录”》(摘自《南巡盛典》)

年（1751）、乾隆二十二年（1757）、乾隆二十七年（1762）、乾隆三十年（1765）四次南巡的情况，是一部闻名中外的典礼文献。这部书包含十二个部分：卷一至卷四是“恩纶”，记录了乾隆皇帝南巡期间的恩诏、恩宴、赏赍等；卷五至卷三十六为“天章”，辑录了乾隆帝巡行过程中的御制纪念诗、文；卷三十七至卷四十二是“蠲除”，记录南巡期间减免赋税、体恤万民之举；卷四十三至卷五十三为“河防”，记录南巡期间治理水利的惠民之举；卷五十四至卷五十九为“海塘”，记录皇帝巡视海塘工程；卷六十至卷六十七为“祀典”，记录南巡过程中的朝会、祭告、銮仪、乐章等；卷六十八至卷七十五为“褒赏”，记录乾隆皇帝对南巡随从人员、地方文武官员、兵丁等的赏赐之举；卷七十六至卷八十四为“吁俊”，记录乾隆南巡沿途选拔人才的情况；卷八十五至卷八十八为“阅武”，记载南巡时的官兵接驾事宜、视察兵营阵地、检阅军队演练等；卷八十九至卷九十三为“程途”，载乾隆南巡途经地的风土人情；卷九十四至卷一百零五为“名胜”，载沿途风景名胜；卷一百零六至卷一百二十为“奏请”。

值得一提的是，书中“河防”“阅武”“名胜”三部分各附有插图，这些图版也被称为舆图，起形象说明、解释文字所述内容的作用，其皆为木刻版画，且构图严谨、笔触细腻、造型准确，为清代殿版画中的上乘之作，也可看作南巡系列画卷的一部分。其中的“名胜”篇有图版三百一十幅，可谓其中的精品。各幅图像均自成景域，采取较高远的视角，勾绘细腻，描绘了南巡沿途省份的名山大川、行宫别墅、寺庙道观、园林池馆、古桥井泉等一百五十余处，展示了当时的自然景观和建筑风貌（图3-56、图3-57）。有些地方仍可考，但也有些几经变故，早已湮没在历史尘烟中。

《南巡盛典》被收录在《四库全书·史部·政书类》中。《四库全书总目》中载："凡行庆施惠，劝课耕桑，崇节俭，隆典祀，养耆年，恤庶狱，励官方，振文教，饬武备者，无不具举。而海塘防筑、湖河疏蓄之宜，皆因地制宜，亲临指授，永为成法。至于名区胜迹、睿藻亲题，则不独黎庶蒙恩，而山川且望幸焉。"现存的《南巡盛典》散落在中国、日本等国，值得一提的是，据专家考证，现存《南巡盛典》缮写体例、书籍装潢与书册装帧形式特征、钤章与庋藏等与文渊阁《四库全书》诸多特征相吻合。

《四库全书》是中国历史上最大的一部文献丛书，囊括了清朝乾隆以前的主要文史百科典籍。为编纂此书，清政府还设立专门的机构——四库全书馆，调来了当时最优秀的知识分子耗时十年纂修此书。这部丛书涵盖了从上古流传至清代的所有著作，分经、史、子、集四大类，共收书三千五百余种、七万九千余卷，并抄成七部，分藏于七处，即七阁中。《四库全书》的编撰是乾隆皇帝重要的文化功绩，代表了中国在十八世纪文治武功到达了新的高度，也是经济繁荣、国力鼎盛的体现。当然，这部书也有其时代局限性，未能偏离封建主义正统儒学的轨道。

图3-56 《乾隆南巡图》绘制的虎丘与《南巡盛典》中的虎丘
（摘自《南巡盛典·名胜》卷九十九）

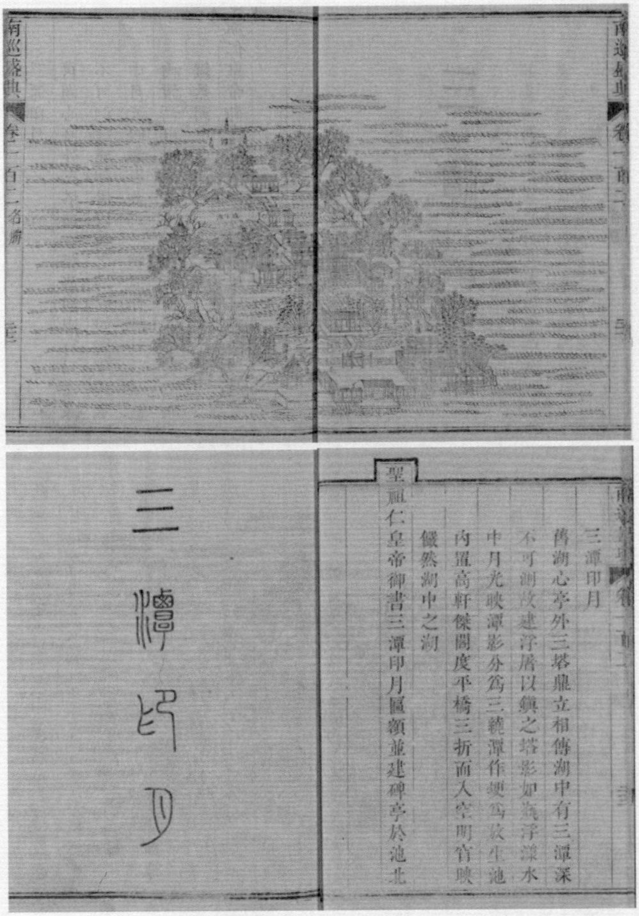

图3-57　杭州三潭印月插图及记载（摘自《南巡盛典·名胜》卷一百零二）

《四库全书》与南巡也有一定的渊源。其一是江南三阁收藏《四库全书》。《四库全书》开编于乾隆三十八年（1773），乾隆四十六年（1781）完成第一份的纂修、抄写，并于其后三年时间完成了第二、第三、第四份，装潢好后，贮阁于“北四阁”，即内廷文渊阁、圆明园文源阁、沈阳皇宫文溯阁、承德文津阁。乾隆四十七年（1782），乾隆帝下令续缮三份《四库全书》，乾隆五十五年（1790）抄录完善后贮藏在“南三阁”，即扬州大观堂文汇阁、镇江金山寺文宗阁、杭州圣因寺文澜阁。事实上，抄录三份《四库全书》藏于江南三阁的想法，产生于第五次南巡途中。在驾临江南时，乾隆皇帝作《再题文汇阁》云：“万卷图书集成部，颁来高阁贮凌云。会心妙趣生清暇，扑鼻古香领净芸。身体力行愧何有，还淳返朴念常勤。烟花三月扬州地，莫谓无资此汇文。”《再题文宗阁》诗云：“《四库全书》抄四部，八年未蒇费功勤。集成拔萃石渠者，颁贮思公天下云。今古英华率全荟，江山秀丽与平分。百川于此朝宗海，此地诚应庋此文。”“莫谓无资此汇文”“此地诚应庋此文”表达出皇帝的感慨，以及藏《四库全书》于江南的想法。

乾隆四十九年（1784），乾隆帝第六次巡幸江南，表达了将颁赐《四库全书》并贮藏于江南的想法。其《文汇阁·叠庚子韵》云：“天宁别馆书楼耸，向已图书集大成。遂以推行庋《四库》，况因旧有匪重营。西都《七略》江干现，东壁五星霄际擎。却待抄完当驿致，文昌永古焕重甍。”并注：“因思江浙人文最盛，士子愿读《四库全书》者不乏，允宜广布流传，以光文治，敕于扬州之文汇阁、镇江金山之文宗阁、杭州圣因寺之文澜阁，各贮《四库全书》一份，俾士子得就近观摩。并发内帑银百万于京师，雇觅书手缮录全书三份，驿致庋阁，以昭我国家藏书美备，教思无穷之至意。”因为江浙人文最盛，士人最多，因此《四库全书》贮藏于江南，能广布流传，因此皇帝从国库调拨白银百万两完成了此项工程，并晓谕天下，凡愿读阁中藏书之士子，准其登阁领出，广为传写。

2. 南巡画卷系列

无论文献还是图像，都是记录历史的一种方式，是有一定主观性的。记录乾隆南巡这一事件的官方文献是《南巡盛典》，当然，还有乾隆帝沿途所作的众多御制诗；官方图像毫无疑问就是《乾隆南巡图》。实际上，《乾隆南巡图》并非孤立的存在，关于南巡事件的图像可成为一个系列，其中包括舆图景观类，这类图像只展示山川河流、宫殿庙宇等自然景观和名胜建筑等，没有关于人的描绘，如《南巡盛典》中的木刻版画。还有类似舆图的一类作品，如《南巡纪道图》，有点类似今天的旅游指南，画家先于皇帝到此处描绘当地的景观，然后进献作品给皇帝看，此类图像代表作有《姑苏繁华图》《南巡驻跸图》等。南巡图像类，描绘南巡这一历史事件图像及沿途百姓迎接的情形，《乾隆南巡图》《万笏朝天图》等都属于这类作品。随行作品类，如皇帝南巡途中携带的作品及随行词臣画家创作的作品。

舆图类有《乾隆南巡纪程图》（藏于“台北故宫博物院”），这类图通常在南巡前由地方或向导官员依据所属地域分段组织人绘制，并作跋文说明，拟订好南巡路线，包括站程启止、驻跸营站距离、途经州县、山川名胜等。这些都属于皇帝对于南巡的规划图像。还有一类就是名胜向导图，如董邦达《西湖十景图卷》(藏于“台北故宫博物院”)就是为乾隆皇帝游览江南、欣赏西湖美景所特地绘制的作品。1751年，乾隆帝南巡前一年御题“明年春月驻翠华，亲印证之究所以”，表明了其想在南巡时随身携带这套作品，以景应画。乾隆皇帝很认可董邦达的这类画作，董邦达绘制过五套类似作品，皆载于《石渠宝笈续编》《石渠宝笈三编》。除此以外，其子董诰也以御制诗为意，绘制过《西湖十景图》(藏于浙江省博物馆)。对西湖景致的描绘或者“西湖十景”这一题材画作非清代首创，可溯至南宋，马远就有《柳浪闻莺》《两峰插云》《平湖秋月》等画作。清代经乾隆皇帝多次吟咏，“西湖十景”几乎成了西湖风景的代名词。

《姑苏繁华图》是绘制江南城市人文景观的图像，作者正是绘制《乾隆南巡图》的画家徐扬。该图原名《盛世滋生图》，全长1225厘米，宽35.8厘米，是乾隆皇帝于第一次南巡（1751）之后下旨，至第二次南巡后两年（1759）方完成，绘制时间早于《乾隆南巡图》，可看作绘制《乾隆南巡图》之前的准备作品。画面自灵岩山起，由木渎镇东行，过横山，渡石湖，历上方山，从介狮山、和（何）山同两山间，进入苏州郡城、经盘、胥、阊三门，穿山塘街，至虎丘山止。画中人物四千八百多人，楼房建筑二千余栋，从市郊至苏州城的桥廊市坊、公署设置、民居商肆尽现眼前。此图与乾隆南巡有密切关系，可以说这是他头两次南巡对江南地区的综合印象。画中隐去乾隆亦没有南巡的仪仗、圣驾，就似皇帝在微服出访。这与乾隆南巡“周览风俗，观民察吏”的目的不谋而合。当然，与《乾隆南巡图》第六卷相比有诸多类似的景象，但也有不同：《乾隆南巡图》除了绘制了皇帝及随从南巡情形外，还增加了迎接圣驾的喜庆气氛，伶人在戏台演戏也是《乾隆南巡图》所独有的，可见也是后来增加的内容。

前文提及的《万笏朝天图》，比《乾隆南巡图》更加金碧辉煌，却是民间进献作品。在卷尾的署款我们可见“恩给知府职衔臣范瑶恭进”字样。范瑶为宋代名臣范仲淹的后裔，世居苏州，曾任大同知府，正是他组织画士将乾隆南巡苏州的场面描绘出来的。

“万笏朝天”是个双关语，表面上指形容苏州城南二十五公里的天平山笔架峰群石林立，状似群臣朝觐天子时所持的笏板；另一方面，暗喻南巡时地方官民迎接圣驾，手举高香。画面由苏州城郊开始，以城西天平山为中心展开，连接支硎山、灵岩山一带的名胜古刹。观音院、放鹤亭、听雪阁、高义园、白云泉等著名景观历历在目，描绘准确而细致。画卷色彩富丽，气势恢宏，将苏州城的山川景致、市井风俗和官民盛大的迎接乾隆皇帝御驾的场景栩栩如生地再现于画面。图画重点描绘灵岩山、天平山一带，地方文武官员身着朝服与耆老、缙绅在空旷处排列跪伏，八十岁以上的老人则穿黄布或黄绢外褂，手执高香跪接御驾的场景。

此幅作品应该绘制在乾隆第二次南巡之后。高义园是范仲淹后代为纪念他而建的公祠，乾隆皇帝第一次南巡就到此，因为仰慕范仲淹，挥笔题写了“高义园”的牌匾。为了感谢皇恩，范家后代在高义园增建了“石坊”“接驾亭”等建筑，并把御笔匾额悬挂起来。乾隆帝第三次下江南的时候看到此景，非常高兴，还挥笔题诗一首。也是在这一次，范瑶呈上了此画，后被收录在《石渠宝笈》中，成为“乾隆南巡”系列画卷之一。

另外值得一提的是，乾隆皇帝在南巡过程中并没有停止他的书画鉴赏活动，其在南巡途中还吟咏御题了好多书画，如元代黄公望《富春山居图》的伪本（子明卷）、明代文徵明的《金山图》、明代唐寅的《观瀑图》等。当然，随着行程推进，行李箱里的书画也多了起来，沿途也不断有画家、商人、官员等进献书画。这些与上述作品一起，共同构成了南巡相关的书画系列。

清朝乾隆时期国力强盛，乾隆皇帝用武力巩固了天下，号称“十全武功”，当然，文治上也没有忽视。虽然清代“马上得天下”，但想要延续盛世的乾隆帝深知不能马上治天下，既要武功，也要文治。以上所述给我们呈现了盛世中的文化生活，虽然处处也体现着封建社会的等级性，但平民百姓、帝后贵胄各得其所。除此之外，皇帝还亲自安排打造文化工程，如其看重的“南巡”这一重要历史事件，就衍生出《南巡盛典》《乾隆南巡图》以及众多与南巡相关的画卷。这些画卷，不仅描绘了盛世的名山大川、名胜古迹，也塑造了盛世的缔造者——乾隆皇帝本人。通过与这一事件相关的文化工程，我们也可窥见更加宏观的文治图景——《四库全书》。

肆

第四章 《乾隆南巡图》里的人间烟火气

北京、苏州是南北两大重要的城市。北京是乾隆皇帝南巡的起点，也是京城所在地，商贸繁华；地处京杭大运河之畔的苏州，是著名的历史文化名城，也是江南重镇。明朝中后期，随着商品经济的发展，苏州的手工业、染织业、棉织业带动了商业贸易的繁荣，成为中央财政的重要支柱。乾隆帝南巡途经当地繁华街巷，可得见当时的风土人情、丰富物产，寓目此卷，仿佛穿越时空，徜徉在大清的盛世街巷，别有一番风情。

置身于清代乾隆朝的街巷之中，可见店铺林立、商贸繁华、人山人海、熙来攘往，一幅国泰民安的景象，不禁想到此时最高统治者所言："得国之正，扩土之广，臣服之普，民庶之安，古未有之。"——好一派盛世之繁华光景。其中，最吸引眼球的就是盛世美食。盛世的餐饮究竟如何？尚茶饮酒之风是否已经出现在盛世图景中？"舌尖上的盛世"究竟有哪些令人垂涎的美食？

一、美食指南

《乾隆南巡图》包罗万象、沟通古今，诸多有意思的细节耐人寻味。其中，细节最多、最耐人寻味的莫过于第一卷《启跸京师》和第六卷《驻跸姑苏》。可以毫不夸张地说，这两卷是《乾隆南巡图》中最有烟火气的两卷。《乾隆南巡图》与《康熙南巡图》不同，它的经典之处在于它对细节入微的描绘，对当时社会的真实反映，给后人呈现了一幅生动的清代生活图景，堪称一份清代的生活指南。从中，我们可以找寻到盛世百姓的酸甜苦辣。

饮食是人生存的根本，也是个亘古不变的话题，我们先从这个细节入手，去观望乾隆盛世吧。

1. 餐饮业

（1）饭馆和小吃铺

享受舌尖的快感，品味多样的美食，对于百姓而言，盛世的繁华滋味莫过于此了，这是出于千古不变的人类本性——贪恋美味。那么，清代的人吃什么？清代的饮食习惯如何？清代有何特色菜品？清代人的等级差异是否也会体现在食物上？就让我们一起去图中寻找吧。

从《乾隆南巡图》看，清代饮食业十分发达，着力于描绘繁华苏州的第六卷中，里面就有多家饭馆。这些饭馆规模不一，有些是两层铺面，打出了“家常便饭”“荤素……”的招牌（图4-1），二楼还有专门的席面，一桌可以坐四到六人；也有些规模更大，处于更加繁华的地段，环境也更为优雅，临河而建，可以承办宴席（图4-2），因此招牌是“耑（专）办满汉酒席”“三鲜大面”“五簋大菜”“包备酒席”。这类饭馆席面规模较大，通常讲究排场，也有些地方成为“饭庄”，即讲究一大套菜品构成的席面，如“满汉全席”，从凉菜、热菜、大菜到点心，面面俱到。当然，好多时候这样的饭庄也是宴请、社交的场所。有些餐馆也十分有特色，虽然规模不及前两者，但有自己的主打菜品

（图4-3），以“十锦火（锅）”“徽苏大菜”“加味馄饨”“河鲀大面”为招牌，也有雅座，席面不大，最多四人一桌。从招牌显而易见，这样的饭馆更注重的是菜品的风味，而非排场。

还有一些更为简陋，没有什么招牌雅座，只有一个招幌，也称作“饭摊”，像大众快餐店，也像路边摊，一般卖小吃或者快餐，是专门卖给一般人的（图4-4）。从用餐人的服饰就可见一斑，鲜有穿官服者。相较于饭馆，这些饭摊的位置，或者在郊区，或者在一般集市上，客流量大，有的会把食物放在门口处作为招牌（图4-5）。也有的比较有意思，人多之时，会充分利用店内空间，把桌子摆在露天处（图4-6），别有一番风味。

图4-1　挂着“家常便饭”“荤素……”招牌的饭馆（《乾隆南巡图》第六卷局部）

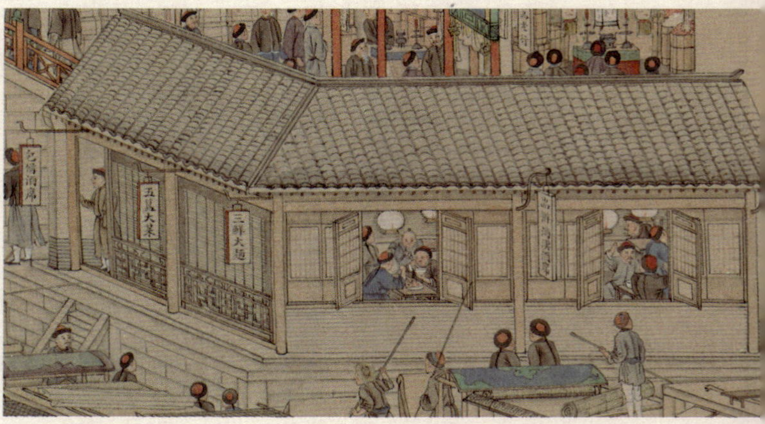

图4-2　挂着“耑（专）办满汉酒席”“三鲜大面”“五簋大菜”“包备酒席”招牌的饭馆（《乾隆南巡图》第六卷局部）

图4-3　挂着“十锦火（锅）”“徽苏大菜”“加味馄饨”“河鲀大面”招牌的饭馆
（《乾隆南巡图》第六卷局部）

图4-4　简陋的饭馆（《乾隆南巡图》第一卷局部）

图4-5　小吃摊位一（《乾隆南巡图》第一卷局部）

图4-6　小吃摊位二（《乾隆南巡图》第一卷局部）

有些饭馆还提供外送服务，有点像现在的外卖（图4–7），使用提盒或者捧盒，为食客送餐。这类提盒通常是木、竹、藤材质，当然宫廷里面用的要贵重些，还有螺钿、漆盒甚至象牙材质（图4–8）。

图4–7　送餐服务（《乾隆南巡图》第一卷局部）

图4–8　清代红木嵌螺钿松鹤纹圆提盒与清代剔红花鸟图三层提盒（藏于故宫博物院）

除了固定店铺，还有走街串巷卖饭的“流动摊位”，摊主通常拎着食物沿街叫卖，以早点最为常见（图4-9、图4-10），也有些在街市某一角落支起炉灶，挂着招牌，如“大肉馒头”（图4-11）。

从店铺打出的招牌不难看出，清代乾隆年间，好吃的菜品还有不少。清代人的佳肴都有哪些呢？首先是摊位上的“大肉馒头”。馒头是小麦粉做的面食的统称，“南方之所谓馒头者，亦屑面发酵蒸熟，隆起成圆形，然实为包子”，北方的人通常把无馅的称作馒头，把有馅的称作包子，而吴语区的人把两者都称作“馒头”。“大肉馒头”通常放入

图4-9　沿街卖食物的摊主一（《乾隆南巡图》第一卷局部）

图4-10　沿街卖食物的摊主二（《乾隆南巡图》第一卷局部）

图4-11　卖“大肉馒头”的摊位（《乾隆南巡图》第六卷局部）

笼屉中蒸煮制成，其实就是今天所说的“小笼包”。

另外，从各图中可以得见，清代人的主食还有馄饨和面——“加味馄饨”“三鲜大面”“河鲀大面”。馄饨，也称“匾食”，即类似饺子，用面裹着馅；而“加味馄饨”则是添加了调料的馄饨。

在江南一带，面条很早就是很普及的食物了，但苏州一带的特色则是以汤和浇头丰富而著称。“三鲜”在吴语中是指用鱼圆、肉圆、鱼块、蛋块、炸肉皮等杂合而成的菜。“三鲜大面”，就是用三鲜作为浇头的面。“三鲜”，只是个代称，会随时令变化而有所不同，且不同饭馆的做法也不尽相同。《苏州竹枝词》记载清人诗云：“三鲜大面一朝忙，酒馆门头终日狂。天付吴人闲岁月，黄昏再去闯茶坊。”

由此可见，清代姑苏人习惯早晨来一碗三鲜大面，之后一直到傍晚都有人饮酒，黄昏时再去吃茶食，这便是悠闲岁月的内容之一。

除了三鲜面，鲜鱼面也是苏州特色，尤其是“河鲀大面”，即“河豚面”，用河豚来佐面，是苏州特色。河豚是水生食物中最难烹饪的，却在明清之际被攻克。事实上，明清时江苏尤其是江阴一带河豚颇多，明清《江阴县志》均有对河豚有剧毒的记载——“稍治不慎，食之杀人”，“善保命者，切不可食”，目的是引人警觉。但因河豚味美，仍有人癖嗜，即使中毒也在所不惜。清代乾隆时期的江阴籍进士王苏曾作《河豚歌》赞其美味：“登盘馈客列几席，百花苦露盈芳樽。老饕下箸声有啴，食罢关膈俱和温。”

在明末，世情小说《醒世姻缘传》就记载了当时罕异的方物名吃，即晚明上等社会与中等富裕程度的城市家庭所能享用的奢侈性食品。比如，第七十九回中就记载了男主人公狄希陈，为有喜且嗜吃各种奇特方物名吃的悍妾寄姐四处奔波、搜罗各地美食的情形：“听见人说四川出的蜜唧、福建的蝌蚪汤、平阴的全蝎、湖广的蕲蛇、霍山的竹狸、苏州的河豚……无般不想着吃。狄希陈去寻这些东西，跑得披头散发，投奔无门，寻得来便是造化，寻不着就是遭瘟。”事实上，宋代就有人吃河豚，“邻翁劝我知机早，有毒伤人如鸩鸟。世间万事是机阱，此外伤人亦非少”[①]。而清代乾隆年间其成了饭馆招牌菜，可见有厨师专门批量烹饪此美味，无疑是一大进步。

除上述面品之外，清乾隆年间的《随园食单》中还记载了“鳗面”“温面”“鳝面”“裙带面”“素面”等吃食。

（2）盛世大餐有哪些

馄饨和面在《随园食单》中都被放在“点心单”中，即以点心为小食，是饥时略进的食物。而“十锦火（锅）”则可以作为像样的菜品了。火锅是由北方传入江南一带的，宋、元、明代就已经有火锅，而到了清代更是达到了顶峰。清代历代皇帝喜食火锅，御膳食谱上就有

① 〔宋〕周承勋：《食河豚》，收录于〔宋〕陈起编著《前贤小集拾遗》卷一，南宋群贤小集本。

野味火锅、羊肉火锅、牛肉火锅、菊花火锅等菜品。《清代档案史料丛编》载，乾隆四十八年正月初十，乾隆皇帝大宴群臣，为五百三十桌宫廷火锅宴。而1796年，清嘉庆皇帝登基时乾隆皇帝摆的“千叟宴”，所用火锅竟有一千五百五十一个，可谓中国历史上规模最大的一场火锅盛宴。所谓“上有好者，下必甚焉”，在宫廷的带领下，火锅在民间也开始流行。这是南北饮食文化交流的体现。作为江浙一带吃货代表的袁枚，在《随园食单》里却提倡“戒火锅”：“冬日宴客，惯用火锅，对客喧腾，已属可厌；且各菜之味，有一定火候，宜文宜武，宜撤宜添，瞬息难差。今一例以火逼之，其味尚可问哉？近人用烧酒代炭，以为得计，而不知物尽多滚，总能变味。或问：菜冷奈何？曰：以起锅滚热之菜，不使客登时食尽，而尚能留之以至于冷，则其味之恶劣可知矣。”

可见，南北饮食差异较大，一些南方人并不习惯吃火锅时喧腾的就餐环境，以及多种食物混合煮在一起的味道。另外，这也是气候不同所导致的一种饮食差异吧。

“五簋大菜”可算南方土生土长的词汇。五簋大菜是指以五个大菜为主，“五大菜”既指五类精选食材，即鱼、肉、禽、什锦、甜汤，也指待客标准。这种说法现在在苏州比较少见，而在无锡还尚有残存。无独有偶，在徐扬的《姑苏繁华图》中，沿河市街的一座饭馆里也有“五簋大菜”的招牌，从图片更可以直观地看到规格和用餐情形。事实上，“五簋”并非一个酒席奢侈的代称，只是一个用餐的限度，“酌丰俭之”，也就是吃饱吃好的度，用来限制豪侈之徒们暴殄天物。

事实上，真正的奢侈宴席是“满汉酒席”或者“满汉全席”。清乾隆年间的李斗在《扬州画舫录》（此书作于乾隆甲申年间，即1764年）卷四中首次记载了这一系列菜品：“上买卖街前后寺观皆为大厨房，以备六司百官食次。第一分头号五簋碗十件：燕窝鸡丝汤、海参汇猪筋、鲜蛏萝卜丝羹、海带猪肚丝羹、鲍鱼汇珍珠菜、淡菜虾子汤、鱼翅螃蟹羹、蘑菇煨鸡、辘轳锤、鱼肚煨火腿、鲨鱼皮鸡汁羹、血粉汤、一品级汤饭碗；第二分二号五簋碗十件：鲫鱼舌汇熊掌、米糟猩唇猪脑、假豹胎、蒸驼峰，梨片伴蒸果子狸、蒸鹿尾、野鸡片汤、风猪片子、风羊片子、兔脯、奶房签、一品级汤饭碗；第三分细白羹碗十件：猪肚假江瑶鸭舌羹、鸡笋粥、猪脑羹、芙蓉蛋、鹅肫掌羹、糟蒸鲥鱼、假班鱼肝、西施乳、文思豆腐羹、甲鱼肉片子汤、茧儿羹、一品级汤饭碗；第四分毛血盘二十件：䐁炙哈尔巴小猪子、油炸猪羊肉、挂炉走油鸡鹅鸭、鸽臛、猪杂什、羊杂什、燎毛猪羊肉、白煮羊肉、白蒸小猪子小羊子鸡鸭鹅、白面饽饽卷子、十锦火烧、梅花包子；第五分洋碟二十件，热吃劝酒二十味，小菜碟二十件，枯果十彻桌，鲜果十彻桌，所谓满汉席也。”

据《大清会典·光禄寺则例》载，清初时光禄寺举办的各类筵宴分为“满席”和“汉席”，其所用的原料数量、用料定额，都有明确的规定，供应对象也不同。乾隆年间，满汉全席形成，与乾隆皇帝讲究膳食并四处巡幸搜求美食不无关系。大富商接待皇帝，往往符合其意念，做些满、汉大菜。乾隆皇帝南巡时，会携满族厨师同行，而当地接待者也会令汉族厨师仿制满族菜肴来迎合皇帝口味。可以说，乾隆南巡促进了满族菜肴在江南一带的流传。另外，乾隆年间，豪华宴会在官府盛行，汉、满官员互相款待，也将两种菜融汇在一起，慢慢这种风气也流向民间。

满汉席通常包含烧烤菜，因为“满菜多烧煮（即烤）”，并有一定的以猪和羊为食材的菜品，还有火锅类的菜肴，再包含一些野味菜肴，另有蜜饯菜肴。饽饽也是席中的主菜。《随园食单》之“戒落套”中载：“今官场之菜，名号有‘十六碟、八簋、四点心’之称；有‘满、汉席’之称；有‘八小吃’之称；有‘十大菜’之称。种种俗名，皆恶厨陋习，只可用之于新亲上门、上司入境，以此敷衍，配上椅披、桌裙、插屏、香案，三揖百拜方称。若家居欢，文酒开筵，安可用此恶套哉!”可见袁枚以批判的眼光认为，满汉掺杂的吃法是敷衍的官场宴饮。

满汉席是清代乾隆年间饮食文化发展的体现，也是由盛世所奠定的雄厚物质基础所决定的。由于皇帝的重视，传统的饮食文化与烹饪技术都到了前所未有的高度——厨役、庖人成为一门专门的职业，厨行应运而生；饭馆、茶楼、酒馆等数量众多，且有自己的看家菜。各地菜系纷纷形成，鲁菜、川菜、扬州菜、粤菜成为中国影响最大的四大菜系；在此基础上，又加上湘菜、闽菜、徽菜、浙菜成为八大菜系；再加上北京菜与上海菜，成为十大菜系。同时，地区间饮食文化相互交流，如图4-3中的“徽苏大菜”就是一个例子。京菜也随乾隆皇帝南巡南下，形成宫廷官府与民间饮食文化之间的互补和借鉴（图4-12）。民族饮食文化相互交融，同时，也为中外饮食文化的交流与传播提供了极为有利的先决条件。

图4-12 酒楼（《姑苏繁华图》局部，藏于辽宁省博物馆）

2. 风味小吃

清代风味食品与南北小吃品种繁多，做工考究，有时令性、地区性、阶层性、民族性和多样性等特点。有“燕窝”“海参”“火腿”“风鱼”“皮蛋”“海菜”“南酒”（图4-13），还有“参贝陈皮”“人参茶膏”“蜜饯香圃”“法制薄荷”“上用小菜”“青盐橄榄”“香糟鲥鱼”“蜜饯果品”“进京腐乳”（图4-14）等，都属于这类小吃。某些粮食行也会售卖一些小吃，如“粮食老行”就出售“襄阳豆饼”（图4-15）。

图4-13 售卖“燕窝”“海参”“火腿”“风鱼”“皮蛋”“海菜”“南酒”的小吃店铺（《乾隆南巡图》第一卷局部）

图4-14　售卖“参贝陈皮”“人参茶膏”“蜜饯香圃”“法制薄荷”“上用小菜”“青盐橄榄”“香糟鲥鱼”“蜜饯果品”“进京腐乳”的小吃店铺（《乾隆南巡图》第六卷局部）

图4-15　售卖“襄阳豆饼”的“粮食老行”小吃店铺（《乾隆南巡图》第六卷局部）

燕窝为清宫御膳常用食材，常做汤食用。早在一千二百年以前，我国就有人食用燕窝，不过范围很小，到了清代则较为广泛①。

《随园食单》记载："燕窝贵物，不可轻用。如用之，每碗必顶二两，先用天泉滚水泡之，将银针挑去黑丝。用嫩鸡汤、好火腿汤、新磨菇三样汤滚之，省燕窝变成玉色为度。此物至清，不可以油腻杂之；此物至文，不可以武物串之。"

从以上所述可见，燕窝不仅营养价值高，还是贵重食材，另有一定的药用价值，《本草从新》《本草逢源》亦有这方面的记载。《红楼梦》也有多处食用燕窝的记载，如第八十回秦可卿在宁国府患病时，就吃了半盏燕窝汤。

在《随园食单》中，海参与燕窝、鱼翅并列同属"海鲜单"："海参无味之物，沙多气腥，最难讨好。然天性浓重，断不可以清汤煨也。须检小刺参，先泡去沙泥，用肉汤滚泡三次，然后以鸡、肉两汁红煨极烂。辅佐则用香蕈、木耳，以其色黑相似也。大抵明日请客，则先一日要煨，海参才烂。"

---

① 明代人陈懋仁在《泉南杂志》中写道："闽之远海近番处，有燕名金丝者。首尾似燕而甚小，毛如金丝。临卵育子时群飞进汐砂泥有石处，啄蚕螺食。有询海商，闻之土番云，蚕螺背上肉有两肋如枫蚕丝，坚洁而白，食之可补虚损，已劳瘸。故此燕食之，肉化而肋不化，并律液呕出，结为小窝附石上。久之，与小雏鼓翼而飞，海人依时拾之，故曰燕窝。"

火腿用途极其广泛，好多菜中都会用到，《农圃便览》就记载了“醃火腿”的过程：“用猪后腿，每十斤用炒研细盐十二两将皮擦百余次，肉亦微擦，入缸，缸底以竹排架腿以便淋卤，至四七日取出，晒七日，将鸡翎扫香油在皮上，用纸封固挂窗前烟处半月，另挂别处。过夏，埋草灰内置炕上。”袁枚也指出：“火腿好丑、高低，判若天渊。”同时，他还指出了火腿的三个著名产地，但三地火腿质量参差不齐：“虽出金华、兰溪、义乌三处，而有名无实者多。其不佳者，反不如腌肉矣。”

“风鱼”同腊肉做法一样，是把鲜鱼腌制后风干而成，在《帝京岁时纪胜》中，它是一种酒肴。清冒襄的笔记散文《影梅庵忆语》描述董小宛高超厨艺时提及：“火肉久者无油，有松柏之味；风鱼久者如火肉，有麂鹿之味。”

“皮蛋”是另外一种加工而成的食材。《随园诗话》卷十《皮蛋》云：“个中偏蕴云霞彩，味外还余松竹烟。”松烟味、松柏味、麂鹿味应该都是古人感觉尚好的味道。对于蛋类的加工，除了皮蛋外，还有“腌蛋”即咸蛋，《随园食单》载：“腌蛋以高邮为佳，颜色红而油多。高文端公最喜食之。席间先夹取以敬客。放盘中，总宜切开带壳，黄白兼用；不可存黄去白，使味不全，油亦走散。”

“海菜”指海洋里出产的一类副食品。清代光绪年间的郭柏苍的《海错百一录》中记载了福建沿海一带的海菜，有石花菜、虎器菜、鹧鸪菜、龙须菜、燕窝菜、鹅肠菜、紫菜等。《庸闲斋笔记》中载："海菜以紫菜为贵，海藻次之。"《随园食单》还记载了石花菜的诸多吃法，比如有"酱石花""石花糕"。无论海菜，还是腌蛋、熏鱼子、糟菜等，袁枚都将其放在了"小菜单"中，因为"小菜佐食，如府史胥徒佐六官司也。醒脾解浊，全在于斯"。同样，"进京腐乳""蜜饯果品""香糟鲥鱼"也属于这类小菜，这些特色的风味小吃有点类似于今天的前菜，或者凉菜，当然也是酒肴。

"粮食老行"中也有售卖"襄阳豆饼"的。《中西兵略指掌》中还载有"造豆饼法"："凡豆豉三斗捣为泥，加盐五斤，捏作饼，每食代酱菜。"按如此说法，豆饼也可归于小菜类，但还有一种说法是大豆榨油后剩下的渣子，压成饼状，可作饲料或肥料。因此，文献中有载："以豆饼充饥。"

说完了风味小吃小菜，再来看看正餐之余垫补的点心类食物，这类小食的描绘也体现了盛世的精致生活。如苏州就有一个店铺专门售卖点心，招牌上写有"薄荷糕""状元饼""太史饼""沙仁糕""松子饼"等字样（图4-16）。

"薄荷糕"是苏州特色点心，也称"冰雪糕"。苏州生产的薄荷气味佳，《本草从新》载："苏州所莳者茎小而气芳，最佳，江西者稍粗次之……入药以苏产者为胜。""平望僧寺薄荷糕夜市三四更尚有之。"（《竹叶庵文集》）平望（今江苏苏州吴江区）一带的尤为出名，当然，

图4-16　茶食店及“薄荷糕”“状元饼”“太史饼”“沙仁糕”“松子饼”招牌
（《乾隆南巡图》第六卷局部）

也不能多吃，“小儿多食薄荷糕者，汗多体弱”。清人朱休度在《铜里人送来食物》中载：“饥芽谷饼甘入稻，薄荷糕软屑为糜”，并题“闵饼闵糕并吴江方物”（《小木子诗三刻》）。

再来说说“状元饼”“太史饼”。清代文康作《儿女英雄传》（原名《金玉缘》）第三十四回“屏纨袴稳步试云程　破寂寥闲心谈月夜”叙述安骥准备赴考时，便有各亲友来送场，送来“状元糕、太史饼、枣儿、桂圆等物，无非预取高中占元之兆”。中国各地应该都有这类糕点，取吉利之意。而太史饼，又称太师饼，是苏宁两地的名点，其历史更为悠久，据传与司马迁有关。司马迁因在狱中常以带有芝麻的烧饼充饥，坚持写完了《史记》，后人感慨他的精神，特称他吃的饼为“太史饼”。这种饼以白糖、桂花、猪板油丁为馅料，两面粘满白芝麻，酥松香口，甜肥滋润。

“松子饼”也是多次被提及的糕点。在《遵生八笺》第十九卷中还有对其配方的记载：“松子饼方——松子饼，计一料：酥油六两，白糖卤六两，白面一斤。先将酥油化开，温入瓦合（盒）内，倾入糖卤擦匀。次将白面和之，揉擦匀净，置桌上擀平，用铜圈印成饼子，上栽松仁，入拖盘焕燥用。”

除上述以外，清代姑苏的糕点还有“沙仁糕”“乳酪酥”“桂花露”“玉露霜”等（图4-17）。清代的苏州不仅有当地的名点小吃，连同其他风味小吃“金华火腿”（图4-18）“南河腌肉”“南京板鸭”“宁波淡鳖”（图4-19）等，辅以“瓜子”“枣子”“核桃”各类零食（图4-20），加之各类果品（图4-21、图4-22、图4-23、图4-24），共同构成了盛世的美食地图。

图4-17 茶食店（《姑苏繁华图》局部，藏于辽宁省博物馆）

图4-18 售卖“金华火腿”的店铺（《姑苏繁华图》局部，藏于辽宁省博物馆）

图4-19 售卖“宁波淡鲞”的店铺（《姑苏繁华图》局部，藏于辽宁省博物馆）

图4-20　售卖“瓜子”“枣子”“核桃”的店铺（《乾隆南巡图》第六卷局部）

图4-21　果品店售卖“四时鲜果”（《乾隆南巡图》第六卷局部）

图4-22　果品摊（《乾隆南巡图》第六卷局部）

图4-23 各色果品老行（《乾隆南巡图》第六卷局部）

图4-24 果品店（《乾隆南巡图》第六卷局部）

3. 南巡时候皇帝吃什么

上节介绍了南巡过程中一般官员、庶民的食物，那么乾隆皇帝南巡时的御膳是什么呢？现存在中国第一历史档案馆的内务府御茶膳房档案——《江南节次照常膳底档》，就有记载乾隆帝南巡期间沿途用膳的情况：关于皇帝第四次南巡时的御膳，《江南节次照常膳底档》乾隆三十年（1765）正月十八日和四月初五日的记载如下："正月十八日卯正，请驾伺候，冰糖炖燕窝一品。卯正二刻，涿州行宫进早膳，用折叠膳桌摆：皇太后赐炒鸡大炒肉炖酸菜热锅一品、燕窝锅烧鸭子一品、猪肉馅侉包子一品。 燕窝肥鸡挂炉鸭子野意热锅一品、厢子豆腐一品、羊肉片一品、羊乌叉烧羊肚攒盘一品、竹节卷小馒首一品、烤祭神糕一品、银葵花盒小菜一品、银碟小菜一品。上传叫冯鼎做：鸭丝肉丝粳米面膳一品、鸭子豆腐汤一品。上进毕，赏用。

正月十七日，大人福隆安传旨：明日晚膳紫泉行宫赏人饭食，钦此。

正月十八日未正，上至宫门升座，茶膳房大人福隆安送上奶茶，赏奶茶毕，传膳。进晚膳用折叠膳摆：莲子八宝鸭子热锅一品、肥鸡火熏炖白菜一品、羊肉他他士一品，莲子猪肚一品、青笋香蕈炖肉一品，水晶丸子一品、奶酥油野鸡子一品。后送青笋爆炒鸡一品、摊鸡蛋一品 、蒸肥鸡炸羊羔攒盘一品，象眼棋饼小馒首一品、荤素馅包子一品、烤祭神羔一品、银葵花盒小菜一品、银碟小菜四品、咸肉一品。随送粳米膳一品、树鸡汤一品。额食六桌——饽饽奶子十二品一桌、内管领炉食八品一桌、盘肉二桌，每桌八品，羊肉四方二桌。上要饽饽二品、二号黄碗菜二品一盒。酉初，上至看灯楼，看花炮盒子，放盒子时随送上用：礼灯宝盒一副、元宵一品，三号黄碗、腾房箸、茶房叉子。看花灯毕，还行宫伺候：炸八件鸡一品、醋溜脊髓一品，火熏猪肚一品、小葱拌小虾米一品、涿州饼子一品。”

“四月初五日寅正三刻，请驾伺候：冰糖炖燕窝一品。辰初二刻，游水路船上进早膳，用折叠膳桌摆：燕窝脍五香鸭子一品、鸡丝肉丝水笋丝一品、羊肉片一品、蒸肥鸡煳猪肉攒盘一品、孙泥额芬白糕一品、蜂糕一品、竹节卷小馒首一品。上传青韭炒肉一品、银葵花盒小菜一品、银碟小菜四品。随送上传叫冯鼎做酸辣面疙瘩汤一品、粳米老米膳一品。额食二桌——饽饽六品、内管领炉食四品、盘肉四品，十四品一桌；羊肉二方一桌。上进毕，赏：令贵妃燕窝鸭子一品、庆妃攒盘肉一品、容嫔羊肉片一品。太监荣世泰传旨：今日晚膳上拌馅青韭猪肉虾米馅水食。恭进皇太后。钦此。

四月初五日未正，五里铺马（码）头大营船上进晚膳，用折叠膳桌摆：莲子鸭子一品、鹿筋酒炖东坡肉一品、羊西尔占一品。后送鲜王瓜拌豆腐一品、五香肉烧狍肉攒盘一品、甑尔糕一品、枣尔糕老米面糕品、象眼棋饼小馒首一品、银葵花盒小菜一品、银碟小菜四品。随送猪肉青韭小虾米馅水食一品、老米水膳一品。额食五桌——奶子二品、二号黄碗菜四品、饽饽九品，十五品一桌；内管领炉食六品一桌；盘肉八品一桌；羊肉四方二桌。上进毕，赏：令贵妃水食一品、攒盘肉一品、酱油一品；庆妃水食一品、鸭子一品；容嫔羊西尔占一品。晚晌伺候：水烹绿豆菜一品、卤煮皮冻一品、糟油燕窝拌五香鸡一品、四样小菜一品、鸭蛋一品。上进毕，令贵妃绿豆菜一品，皮冻一品；庆妃拌五香鸡一品；客嫔鸭蛋一品。”

品，是清代饮食量词，相当于种、份，如“冰糖炖燕窝一品”，即冰糖炖燕窝一份或者一种。

其上完整记录着南巡中的御膳。以正月十八日和四月初五日为例：正月十八日乾隆帝在涿州行宫（位于今河北涿州）用早膳，在紫泉行宫（高碑店市新城镇，隶属今河北保定）用晚膳，并赏人饭食；四月初五早上在游水路船上用餐，晚膳也是在船上——五里铺码头大营船上用的。

按照清宫惯例，皇帝每天早、晚两次用膳，早膳多在卯正以后（早晨六七点钟）；晚膳在午未两个时辰（十二点至午后两点）；傍晚在酉时（晚六点）前后还要进一次“晚点”（小吃）。通常乾隆皇帝起床后会用一品冰糖炖燕窝，上述二日时间分别是卯正（六点）和寅正三刻（四点四十五分）。正月初八卯正二刻（六点三十）用早膳，有主菜小菜共计十三种；未正（十四点到十五点）先饮一杯奶茶，再用晚膳，晚膳共计二十五种。后来，看花灯及看花灯之后，在行宫还用餐，那就是“晚点”。一般来说，太监会在传膳地点备好膳桌，南巡时从上文可见多用折叠膳桌，如无特别旨意，皇帝单独用膳。

另外，四月初五日还提及“上进毕，赏：令贵妃燕窝鸭子一品、庆妃攒盘肉一品、容嫔羊肉片一品”。这也是宫廷的规矩之一，凡皇帝、太后、皇后用膳后未动用过的菜点膳食，一般会赏赐给妃嫔、皇子、公主、大臣等；而妃嫔用膳后所余菜点膳食，则多赐给宫女、太监等。帝后妃嫔的日常膳食，主要由内务府属下的“御茶膳房”负责备办。

乾隆皇帝喜欢江南美食，南巡之时，会由各地进献江南美食。据《江南节次照常膳底档》乾隆三十年二月十五日载，卯初（五点）皇帝食用燕窝一品，早上卯正（六点）进正餐，一餐主菜二十个，小菜两桌二十八个。主菜中有七样是苏州织造普福进献的江南菜品，分别是糯米鸭子、万年青炖肉、燕窝鸡丝、春笋糟鸭、鸭子火熏馅煎粘团、菠菜鸡丝豆腐汤二品。由于乾隆皇帝喜爱，苏锡帮菜品被引入宫廷，江南菜成了宫廷风味三大元素之一。

另外，为了保证南巡时候用膳的精美，还会特地命京师随带茶房用乳牛七十五头、膳房用羊一千头，预先送往宿迁、镇江等地，不敷应用时则继续补送。

二、品茗雅尚

大清朝物产丰富，最引以为豪的便是茶叶。茶叶不仅在对外交往、贸易顺差中占有重要角色，更是宫廷和民间的生活必备品。饮茶，不仅是日常生活的一部分，还属于礼尚活动，起到人际交往的重要作用。

在中国，品茗的历史悠久，还上升到了理论的高度，陆羽的《茶经》就是这方面的力作。清代，从宫廷到民间都有尚茶品茗的雅好，且茶叶还支撑起了大清国的经济命脉，成为最重要的输出商品之一，在贸易顺差中扮演着重要角色，是大清国盛世的代表和象征。当然，这都是后话，先在《乾隆南巡图》中找找茶的影子。

1. 茶馆与茶店

若仔细寻找，不难发现，《乾隆南巡图》中不仅有茶社的招牌，还有茶叶店铺。从招牌可见，店铺里茶叶品类齐全，还有茶叶的批发行。另外，还可见茶叶的批发、销售及消费的整个过程。

乾隆帝南巡途中，商贸繁华、熙来攘往的街边桥头之地往往会有茶社，多数茶社高悬招牌曰“茶社”或“茶室”（图4-25、图4-26），亦有茶社冠以雅致之名如“芝兰茶室”（图4-27），悬挂卷帘，闹中取静。也可在茶社中，见到品茗之人以及交谈之人（图4-28）。

茶社，又称“茶肆”“茶馆”。官宦人家、文人雅士，抑或民间市井细民、斗升之家、贩夫走卒，皆有饮茶之好。前者往往借助细细品茗而消磨时光，后者则偶有闲暇，也会聚于茶社，“终日勤苦，偶于暇日一至茶肆，与二三知己沦茗深谈，固无不可”。里面的客人，“有盛以壶者，有盛以碗者。有坐而饮者，有卧而啜者”[①]。品茗尤以江南地区为盛，饮茶时还有佐以茶食的习惯。茶社所售茶食，以风味小吃居多。

茶社所售之茶，分为红茶、绿茶两大类。“红者，曰乌龙，曰寿眉，曰红梅。绿者，曰雨前，曰明前，曰本山。”[②]而论及乾隆时期的名茶，从一间茶叶店的招牌便得观一二。《乾隆南巡图》第一卷，描绘了京师地区的一间茶叶店，以名茶为招牌，如“龙井”“毛尖”“雨前”“松罗”“芥片”“花香”“武夷”“六安”“雀舌”“寿眉”“本山”“细片”“凤毛”“洞庭”“普儿”“春茗”“牙茶”（图4-29）。有些茶名沿用至今。

---

① 《清稗类钞·饮食类》“茶肆品茶”。

② 同上。

图4-25　茶社（《乾隆南巡图》第一卷局部）

图4-26　茶室（《乾隆南巡图》第六卷局部）

图4-27　芝兰茶室（《乾隆南巡图》第一卷局部）

图4-28　茶社内景（《乾隆南巡图》第一卷局部）

图4-29 大型茶叶店（《乾隆南巡图》第一卷局部）

在一些综合店铺中也有茶叶售卖，当然，品类、品质无法与茶社相比，但比较方便。在图4-30中，在临街的一个屋子里，门完全敞开，形成柜台的样式，悬挂着招牌，将“茶叶”与“烧酒”“牛烛”“名烟”一起售卖。屋内一侧有货案，上面摆放大小不同的盒子，另有桌子一张，亦摆放货物及器皿，窗口处还有形状不同的器皿，一人在其中审视货物。街巷虽窄，但亦有行人往来。除了店铺外，也有茶叶批发商，往往在城郊处，从图4-31可见“本商自制六安毛尖各种名茶发客”“目梨本山”“大通号”“名茶发客”等招牌。

茶馆肇起于唐代而盛于宋代，以清代最为兴旺。清代茶馆遍布于全国大小城镇的主要街道，南方多称之为“茶肆”“茶坊”，如南京一

图4-30　售卖茶叶的小卖铺（《乾隆南巡图》第一卷局部）

图4-31　茶叶批发店铺（《乾隆南巡图》第一卷局部）

地茶坊竟有“一千余处。不论你走到一个僻巷里面，总有一个地方悬着灯笼卖茶，插着时鲜花朵，烹着上好的雨水，茶馆里坐满了吃茶的人”（清代吴敬梓《儒林外史》第二十回）。苏州茶坊聚集于两处，一处是虎丘，多临塘河，建筑俊丽秀美，如清人顾禄载曰：“皆筑危楼杰阁，装点书画，以迎游客。”（顾禄《桐桥倚棹录》卷十）另一处就是苏州玄妙观一带，每逢庙会，其前的“茶坊、酒肆及小食店，门市如云”。

茶坊星罗棋布，已经成为明清的一个标志，这当然与茶叶的空前盛丰这一文明现象有着莫大的关系。宋明和前清时期，中国领先世界，茶叶由此开始影响世界文明。布罗代尔《15至18世纪的物质文明、经济和资本主义》[①]中评价道："任何一种凝聚着文明成果的作物都使其种植者受它的奴役。这几乎是文明世界的特征，任何一种文明都需要奢侈的食品和一系列刺激性的兴奋剂，12—13世纪，人们迷上香料和胡椒，16世纪出现烧酒，然后是茶、咖啡……"

由于茶叶已进入了商业运行的轨道，明清时期茶叶生产极为兴盛，黄河及秦岭以南的十七个省区，包括河南、陕西、四川、云南、贵州、湖北、湖南、江西、安徽、江苏、浙江、福建、台湾、广东、海南、广西等，几乎到了无县不产茶的地步。有的地方茶叶成了人们生计的重要依靠，有的县也将茶叶放在了"土产"的首位。而茶叶的生产、输出也显示着大清盛世的光景。

2. 品味清代名茶

清代茶品众多，各地都有名茶，且难分高下，许多新的品种纷纷涌现。

"龙井"，又称"西湖龙井"，至少在明代中晚期已经名闻天下。其产于浙江省杭州市西湖龙井村，属于绿茶之列，历代被列为贡品。明

① 另可参考安德森《中国食物》、麦克法兰《绿色黄金：茶叶的故事》。

万历年间《钱塘县志》载："茶出龙井者，作豆花香，名龙井茶。"关于龙井茶最早的茶诗出自明代弘治年间礼部尚书徐宽《谢朱懋恭同年寄龙井茶》："谏议书来印不斜，但惊入手是春芽。惜无一斛虎丘水，煮尽二斤龙井茶。顾渚品高知已退，建溪名重恐难加。饮余为此留诗在，风味依然在齿牙。"事实上，元代就已经有龙井茶，只是未有确切命名。"杭客矜龙井，苏州伐虎丘。"从徐渭诗中可见，苏州的虎丘茶也是与龙井并立的名茶。乾隆皇帝对于龙井茶情有独钟，前四次南巡都曾去西湖天竺、云栖、龙井巡幸茶事，并赋茶诗。至今，首都博物馆还收藏有其御题"龙井八景"的茶诗《龙井八咏》。龙井茶类包括龙井茶、龙井芽茶和龙井雨前茶。

"毛尖"，因嫩芽长有细白绒毛，故得此名。其始见于明清时期，今日仍受欢迎。唐代时，信阳所产的茶为饼茶，这时信阳茶的名字为大模茶。唐《食货志》载："贞元江淮茶为大模。"宋《食货志》载："茶有两类，曰片茶，曰散茶……散茶出淮南归州。"宋代以后，散茶开始出现，信阳茶又被称为"片茶""散茶"。明代，信阳的散茶又被叫作"芽茶"和"叶茶"。"毛尖"一词最早出现在清代，清人把产于信阳的毛尖称为"本山毛尖"或"毛尖"；"信阳毛尖"的名字，最早出现在清末。《儒林外史》第二十九回载："众人吃了，又是雨水煨的六安毛尖茶，每人一碗。"

"雨前"，绿茶的一种，因谷雨前采摘，故得此名。《宋史·食货志下五》载："散茶出淮南、归州、江南、荆湖，有龙溪，雨前、雨后之类十一等。”宋代王观国《学林·茶诗》云：“茶之佳品，摘造在社前，其次则火前，谓寒食前也；其下则雨前，谓谷雨前也。”宋·苏轼《留题显圣寺》诗云：“浮石已干霜后水，焦坑闲试雨前茶。”

“松罗”，又称“松萝”，是明清时期的名茶，原产于安徽省黄山市休宁县。其创制于明代，万历年间的袁宏道作《月下过小修净绿堂试吴客所饷松萝茶》诗，记述他收到徽州人赠送的松萝茶的经历；许次纾《茶疏》载：“若歙之松罗，吴之虎丘，钱唐之龙井，香气浓郁，并可雁行，与岕颉颃。”其将松罗与龙井并列，说明评价之高。松萝茶浓香，味重，色绿，熊明遇《罗岕茶记》云其“香重”。文震亨《长物志·香茗》谓其“香烈”。冯时可《茶录》形容其“气甚香”。黄龙德《茶说》言其“香若兰蕙”，且“经日而色香味竟如初烹制而终不易”。程用宾《茶录》则以真香、奇香、清香大赞之，谓其“抖擞精神，病魔敛迹；清馥逼人，沁人肌髓；恬然自得，无嗅可伦”。黄龙德《茶说》云其“色若绿筠”。熊明遇在《罗岕茶记》中称其色青绿，“虽冬月，色亦如苔衣”。绿筠、苔衣都是深绿，即“色重”。并且，他认为色重、味重、香重的并不是上品茶，好茶味道应清纯，“韵清气醇”“芝芬浮荡”，有“婴儿肉香”；茶色应淡雅，如虎丘茶“色白”，如上品洞山茶“其色如玉，至冬则嫩绿”。

松萝茶之闻名，始于僧人大方。冯时可《茶录》载：“徽郡向无茶，近出松萝茶最为时尚。是茶始比丘大方，大方居虎丘最久，得采造法。其后于徽之松萝结庵，采诸山茶于庵焙制。远迩争市，价倏翔涌。人因称松萝茶，实非松萝所出也。”

松萝茶原产于休宁，后慢慢发展成为整个徽州地区的茶品代称。康熙二十三年《江南通志·宁国府》有“宣、泾、宁、旌、太诸山产松萝茶”的记述。宁国府统辖安徽宣城、宁国、旌德、泾县、南陵等地，可见清初的松萝茶产地范围已经超出了徽州，向安徽的其他地区蔓延。

明代文震亨《长物志》形容松萝“以易于烹煮，且香烈故耳”，因此广受欢迎。当然，其驰名也与徽商密不可分。乾隆年间歙县人江登云《橙杨散志》记载：“歙之巨商，业盐而外唯茶，北达燕京，南极广粤，获利颇丰，其茶统名松萝。而松萝实为休山，匪隶歙境，且地面不过十余里，岁产不多，难供商贩。今谓松萝，大概歙之北源茶也，其色味较松萝无所轩轾。”随着松萝茶的驰名，质量亦参差不齐，光绪十四年的《宣城县志》载：“松萝，处处皆有，味苦而薄，然所用甚广”，这个评价较低。安徽除了松萝茶外，还有黄山的云雾茶。

“花香”，应该指的是以花卉制成的茶，即“百花香茶——木犀茉莉橘花素馨等花又依前法（脑麝香茶）薰之”（《居家必用事类全集》己集）；也可能特指武夷茶的某一品类，武夷茶类包括武夷茶、岩顶花香茶、天桂花香茶、花香茶。

“武夷”，产于清福建崇安县内，宋代就是御用贡茶。《随园食单》中说“其浓苦如饮药”。袁枚并不喜欢这种茶叶的味道，但仔细品味，味道也比较独特。“杯小如胡桃，壶小如香橼，每斟无一两。上口不忍遽咽，先嗅其香，再试其味，徐徐咀嚼而体贴之。果然清芬扑鼻，舌有余甘，一杯之后，再试一二杯，令人释躁平矜，怡情悦性。始觉龙井虽清而味薄矣；阳羡虽佳而韵逊矣。颇有玉与水晶，品格不同之故。故武夷享天下盛名，真乃不忝。且可以瀹至三次，而其味犹未尽。”还提及其用的茶具比较小，且味道比较持久。

“六安”，产于安徽六安州及霍山县，明朝开始入贡，清代成为最重要的贡茶之一。许次纾《茶疏》说：“天下名山，必产灵草，江南地暖，故独宜茶。大江以北，则称六安。”此茶“色黄绿而味长，尽系细芷毛尖”。六安茶类包括六安茶、银针茶、雀舌茶、梅片茶。康熙名臣张英《聪训斋语》云：“予少年嗜六安茶，中年饮武夷而甘，后乃知岕茶之妙。此三种茶可以终老，其他不必问矣。岕茶为名士，武夷为高士，六安为野士，皆可为岁寒之交。六安尤养脾，食饱最宜。”六安茶多为中叶种茶树，比江南的茶要味厚性烈。六安茶适宜青少年饮用。明清较为推崇六安茶的功效，认为其“消融积滞，蠲除沉苛，通利肠胃”。《红楼梦》中也曾提及此茶。

“雀舌”，采于谷雨前，因芽叶嫩如雀舌，故得此名。其产于安徽池州府青阳县。北宋沈括《梦溪笔谈》载：“茶芽，古人谓之雀舌麦颗，言其至嫩也。”此茶以金地雀舌品质最优，每年以少量精品为贡品。据传，金地雀舌最早由“西域僧人金地藏所植”，遂名“金地茶”，多产于九华山。山上“烟霞云雾，气候温润”，所产茶叶“与地上者不同，味自异也”。

“寿眉”，即“贡眉”，乃白茶的一种，产于福建福鼎。其芽叶白色多茸毛，叶态自如，色深灰绿，属半发酵茶，为半花瓣形，汤色浅黄到橙红，香味比其他茶叶要醇，乃小叶品种茶树叶所制，一芽二叶。成茶色泽灰绿带黄；香气稍低，带青气；滋味清淡；汤色清澈、淡杏绿色；叶底黄绿粗杂，品质较差。

“洞庭”，洞庭君山出茶，也被称为“洞庭山茶”，“色味与龙井相同。叶微宽而绿过之。采掇最少。方毓川抚军曾惠两瓶，果然佳绝。后有送者，俱非真君山物矣”（《随园食单》）。

“普儿”，即普洱茶，产于云南西南部，因“味苦性刻解油腻”深受清代宫廷赏识，成为贡茶。此茶采摘时节不同，品质也各异：“以时二月采者为芽茶，即白毛尖；三四月采者为小满茶；六七月采者为谷花茶。”普洱茶类包括普洱芽茶、普洱蕊茶、普洱团茶、普洱茶膏。入贡最多的是团茶。团茶即将茶叶“蒸而为饼，有方有圆”，且“有大中小三等，普洱茶大者一团五斤如人头式，名人头茶，每年入贡，民间不易得也”。团茶也被称为普雨茶。

“春茗”，春茗茶是清宫主要的茶叶品类之一，也是宫廷日常生活中所用数量最大的茶叶品类之一。

“牙茶”，也称芽茶、茶芽，泛指以茶嫩芽制成的茶叶，上佳之品；又特指宋代贡茶中品质优良、最早上供的极品。宋代熊蕃《宣和北苑贡茶录》载：“凡茶芽数品，最上曰小芽，如雀舌鹰爪，以其劲直纤锐，故号芽茶……芽茶早春极少……况芽茶以供天子之新尝者乎，芽茶绝矣。”清代沈初《西清笔记·纪典故》载：“内廷每岁例赏，三月芽茶，四月帽纬。”许多品类的茶都有芽茶，如乾隆帝钟爱的郑宅茶就包括郑宅芽茶、郑宅香片茶。

不同的茶有不同的味道、功效，清人的品茗种类可谓丰富，除上述以外，还有“细片”“凤毛”“芥片”等。当然，如果想泡出好茶，用水也很重要。首选是泉水，“欲治好茶，先藏好水。水求中泠、惠泉”。如果没有泉水，也可以用雪水、雨水等。如前所述，乾隆皇帝南巡之时，对水也是极为挑剔的，到了不同的地方，要喝不同的水，以求获得极致享受。

3. 奶茶是什么茶

在与茶相关的招牌中，有一个比较特别，就是“奶茶”（图4-32）。奶茶，清人又称其为乳茶、奶子茶或蒙茶，是以新鲜的牛奶、马奶或羊奶，以及盐和茶水混合而成，有时更会掺入黄油和奶皮等佐料。饮用奶茶是北方游牧民族的共同生活习俗。饮用奶茶之习源于蒙古族，满、蒙两族饮食习惯有相近之处，且清初四帝迎娶了十七位蒙古族后妃，导致奶茶之风在宫廷中盛行，帝后宫嫔、王公贵族皆好这一口。

《清稗类钞》有载：“奶酪者，制牛乳，和以糖，使成浆也，俗呼奶茶，北人恒饮之。蒙人所食之奶酪，曰奶茶，与京师之面茶相类，冲炒米食之，即朝餐矣。平时亦饮之茶，饮料也，而蒙古人乃以为食。非加水而烹之也，所用为砖茶，辄置于牛肉、牛乳中杂煮之。”

图4-32　奶茶店（《乾隆南巡图》第一卷局部）

据文献记载，清宫里的奶茶主要由御茶房统一供应，当然有些宫里面还有小茶炉，也可以制作奶茶。制作一小桶奶茶大约需要牛乳三斤半、茶二两、乳油二钱、青盐一两。奶茶因含乳汁而略带腥膻之气，须以粗茶调之，方解其气，若用细腻精致的绿茶则茶味不显，因此加工奶茶所用的茶叶多用安徽黄茶（一说来自浙江）、云南普洱茶及湖南安化砖茶等（清《食宪鸿秘》）。

皇帝后妃及其他皇族一般会在正膳之后来饮用奶茶，或者两餐之间，类似于今人的上午茶、下午茶，并佐食糕点。因此，每人都有一定量的材料配比，包括茶、水、牛乳等，其中很大一部分用于制作奶茶饮用。从清宫膳食底单中可见如下记载——皇帝：御茶房备例用乳牛五十头，每头牛每天交乳二斤，玉泉水十二罐、乳油一斤，茶叶七十五包，每包二两。皇后：御茶房备例用乳牛二十五头，共得乳五十斤，玉泉水十二罐，茶叶十包。茶房备贵妃每位乳八斤，妃每位乳四斤，贵人以下随本宫主位分例。妃嫔等位日用茶叶均为五包。皇子、福晋每位例用乳十六斤及茶叶八包。

另外，奶茶也在清宫中举行的各大筵宴、祭祀、接见使臣、节次庆祝等重要活动中，扮演了重要角色。乾隆皇帝曾在御制诗中称："国家典礼，御殿则赐茶，乳作汁，所以使人肥泽也。"清宫筵宴名目繁多，包括元旦、万寿（皇帝生日）、冬至三大节日筵宴，还有庆祝征战胜利的凯旋宴、笼络臣民的千叟宴、皇帝大婚宴、公主下嫁宴、招待朝鲜使臣和西藏贡使及蒙古王公等的除夕宴、皇太后圣寿宴、皇后千秋宴、各嫔妃的生辰筵宴、皇子皇孙的成婚礼宴、宗室家宴。此外，还有各种节令宴等，其间都有进献奶茶环节。

当然，奶茶的种类也很多，大清御膳房里就一份清单，记载了流传于清宫的各式奶茶。包括炒面奶茶，即在奶茶中加入炒面粉，这类奶茶比较浓稠；瓜子奶茶，即在奶茶中加入瓜子、花生或芝麻，以提升奶茶的口感和香气；黑奶茶，即加入糊状的奶皮子调制而成；红奶茶，在黑奶茶基础上再加奶调制而成。

不仅奶茶的样式多种，奶茶的器具也极为讲究。奶茶器皿以锡器、银器居多，这也是游牧民族传统的延续，且锡茶具应该是比瓷器质地的茶壶更适宜于温煮奶茶。从《国朝宫史》“经费·铺宫”对于茶器的记载不难得见宫中饮食奶茶的普遍程度：皇太后可享用金茶瓯盖一个、银茶瓯盖十个、银茶壶三个、锡茶碗盖五个、锡茶壶三十四个。皇后人等按照后妃等级依次递减，但即使是级别最低的答应，按照规定也会给配置一个锡茶碗盖、一个锡茶壶、一个漆茶盘。再有，乾隆皇帝还曾命人在新疆和阗玉中选取洁白无瑕者，制作装饰成无比奢侈的奶茶碗。

清宫用茶为各地进贡而来，其产地与进贡数量也有规定，如在清代《内务府奏销档》乾隆五十七年五月初二的《呈为各省督抚所进土物清单》中，就曾详细记载了当年各省所进的茶叶。

上行下效，宫廷的喜好自然也传到了民间，因此奶茶在清代也极为盛行，当然，这也算是京城特色，在苏州一卷中就没有奶茶店的招牌。

三、啜饮之风

1. 酒坊、酒馆与名酒

前文提及饭馆、餐饮，自然少不了酒。俗话说“南茶北酒”，像茶一样，酒也是不可或缺之物。我国的饮酒历史可以追溯至商代以前。明清以降，饮酒的场合也非常多，参加宴会宴席、宫廷民间喜庆之事，社交、商务等都需要推杯换盏，因此，饮酒也是一项重要的社会文化活动。不同种类的酒也有不同的功效：烧酒，一般用来饮用品鉴，既可以饮用，也可以作为烹饪佐料；药酒，顾名思义，有一定的药用功能。

关于酒题材的画作、诗作向来不少，作为历史画来表现社会风情的《乾隆南巡图》自然也少不了对其的描绘。除却饭馆售酒外，南巡沿途随处可见酒铺、酒馆，一处店铺招牌为“佳造名酒”“陈年腊糟”“冬酿美酒”“状元红酒”，门上还有象征商业品质的标语“以利为义也，则财恒足矣”（图4-33）。柜台里面密密麻麻摆满了酒坛，有些在木栅栏之内，有些在之外，可见品种数量众多。售酒伙计在柜台内招呼顾客，外面还有一老妪扶幼儿出来，手里执着酒壶，可推测应为家庭式运营酒铺。

图4-33 酒坊（《乾隆南巡图》第一卷局部）

有些小酒坊规模并不大，但有其特色，如一处招牌为“惠泉三白”“发客”（图4-34）。无独有偶，也有些大型酒铺紧邻饭馆，如上述提及“耑（专）办满汉酒席”的饭馆旁就有一个酒铺，红色店铺招牌上写着“佳造名酒”，以售卖“惠泉三白”（图4-35）为特色。柜台内一人悠闲地抽着烟斗，另有两人在搬运酒坛，从栅栏中酒坛可见，此店铺规模不小。此酒铺位置较佳，离码头较近，可以销往更远的地方。可见“惠泉三白”是当地名酒，下文会详述。

图4-34 “惠泉三白”酒坊（《乾隆南巡图》第六卷局部）

图4-35 “惠泉三白”酒坊之二（《乾隆南巡图》第六卷局部）

另有一处挂着“酒坊”的招牌，门口亦有一些吸引顾客的招牌，虽不见内景，却可见规模不小，品质也应为上乘（图4-36）。亦有小的酒坊售卖“南酒”（图4-37）。有时候一些综合店铺也把“南酒”和“燕窝”“海参”“火腿”“风鱼”“皮蛋”“海菜”等放在一起售卖（图4-13）。

图4-36　酒坊（《乾隆南巡图》第一卷局部）

图4-37 “南酒”酒坊（《乾隆南巡图》第一卷局部）

综合上述来看，酒坊规模大小不一，有些是家庭作坊，有些也是形成了产业化生产，具有一定的规模，并远销他地。有些酒坊售酒种类较多，有些却是专卖店，以当地某一种酒为特色。有些小的店铺，也会兼售酒水，还有南酒会在风味小吃店里出售。总的来说，在乾隆时代，买酒并不是难事，酒业也颇为发达。

“惠泉三白”的招牌在画中多次出现，此酒创制于南宋年间。造酒者姓顾名勤，字克先。明代中期起，“三白酒”就被称为苏州名酿，风靡各地。胡应麟《将进酒》云："只今天下贵三白，积薪后者常居前"，说的就是三白酒"后来居上"，超越各地的老牌名酒了。

此酒何以得名？一说是因酒取材"米白、水白、曲白"，味道清洌，故称"三白"（王世贞《酒品前后二十绝·咏三白酒小序》）。一说"酒名三白，取丰年之兆。蝗虫一雪入地三尺，三雪则入地九尺，故三白为丰年之兆也"（姜宸英《湛园札记》卷三），意思是说"三白酒"之名预示丰收，白亦有瑞雪之意，下三场瑞雪就能够入地九尺，冻死地下蛰伏的蝗虫，预兆来年是丰收之年。当然，这样的说法比较隐晦。赞三白酒的诗篇甚多，其中徐渭的《渔鼓三白酒词》最有意思："洞庭橘子凫茨菱，茨菰香芋落花生。娄唐九黄三白酒，此是老八骨董羹。"明代画家徐渭把苏州一带的名特产橘子（洞庭红）、荸荠（凫茨）、芡实、菱角、茨菰、茭白、香芋、花生、韭黄等，与三白酒并列，并列为"骨董（古董）羹"，即养生汤古方，赞誉其功效。也有人将三白酒作为好酒的标准，如明代吴江人史玄在《旧京遗事》里赞道："易州酒如江南之三白，泉清味洌，旷代老老春。""旷代老老春"皆指醇酒，而与三白酒作比较，来突出易州酒之味道，也可见此酒的名气。

除了三白酒外，《随园食单》还列举了同时代其他地方的名酒，如金坛子酒、德州卢酒、四川郫筒酒、绍兴酒、湖州南浔酒、常州兰陵酒等。袁枚也把三白酒称为苏州三白酒。事实上，惠泉（今无锡一带）才是三白酒最著名的产地，然而，这种酒在苏州这个繁华的大都市扬名，也被称为苏州三白。当然，盛名之下未必名副其实。谢肇淛《五杂组》卷十一载："江南之三白，不胫而走半九州矣，然吴兴造者胜于金昌（阊），苏人急于求售，水米不能精择故也。"说明三白酒的生产者们在追求数量的同时也有忽视质量的现象。

清代嘉庆以后，随着绍兴酒的流行，三白酒逐渐衰落，到二十世纪五十年代已基本失传，甚是可惜。

2. 不同种类的酒

上文提及了地方名酒，下面再看看不同店铺售卖的不同种类的酒。

烧酒，又名火酒。唐代以前，酒并无类别之差，唐始有烧酒之名，却与后来的烧酒并不一定一致。据《本草纲目》载："烧酒非古法也，自元时始创，其法用浓酒和糟入甑，蒸令气上，用器承取滴露，凡酸败之酒皆可蒸烧。近时惟以糯米或黍或秫或大麦蒸熟，和曲酿瓮中十日，以甑蒸好，其清如水，味极浓烈，盖酒露也。"明人李时珍认为烧酒是自元代开始有的，并记载了其酿造蒸馏的方式。

烧酒性烈味醇，饮者以北方人居多。以各种植物掺入，统一命名为药烧，高粱所制曰高粱烧，麦米糟所制曰麦米糟烧，"而北人之饮酒，必高粱，且以直隶之梁各庄、奉天之牛庄，山西之汾河所出者为良。其尤佳者，甫入口，即有热气直沁心脾，非大户，不必三蕉，醉矣"。《红楼梦》第三十八回也有关于烧酒的记载："（黛玉）因说道：'我吃了一点子螃蟹，觉得心口微微的疼，须得热热的喝口烧酒。'宝玉忙接道：‘有烧酒。’便命将那合欢花浸的酒烫一壶来。黛玉也只吃了一口便放下了。”烧酒热了再喝，也有祛风避寒等功效。烧酒一般在京酒店有售，“则山左人所设，所售则雪酒、冬酒、涞酒、木瓜、干榨，而又各分清浊。清者，郑康成所谓一夕酒也。又有良乡酒，出良乡县，都中亦能造，止冬月有之，入春则酸，即煮为干榨矣。其肴品，则煮咸栗肉、干落花生、核桃、榛仁、蜜枣、山查、鸭蛋、酥鱼、兔脯之属”。(《天咫偶闻》卷四)很明显，上述菜肴均为北方风味，故顾客以北人居多。

所谓“南酒”，一般指南方尤其是江南一带的好酒。清代前中期，南酒佳酿有惠泉酒、绍兴酒、金华酒、湖州南浔酒、蕙苡酒、金谷酒等。有些南酒味道偏甜，也可以烹制菜肴。据清末震钧的《天咫偶闻》卷四记载，北京一带的南酒店“所售者女贞、花雕、绍兴及竹叶青；肴核则火腿、糟鱼蟹、松花蛋、蜜糕之属”。南酒店里一般也售卖“南味”菜品、小吃与糕点，酒品也最繁多。南方自然南酒店较多，光顾北京的南酒店的，也多是从江南来京的官员属僚、商人、士人、文人，以及喜食喜饮南味、南酒者。事实上，清朝康、雍、乾三代，喜食“南酒南味”，尤其是贡酒贡品，是上流社会及富贵人家的饮食风尚和生活档次的象征。

在《红楼梦》第六十二回中，贾宝玉过生日。晚上在怡红院宴饮前，曾经学戏的芳官对宝玉说：“若是晚上吃酒，不许教人管着我，我要尽力吃够了才罢。我先在家里，吃二三斤好惠泉酒呢！如今学了这劳什子，他们说怕坏嗓子，这几年也没闻见。乘今儿我是要开斋了。”宝玉道：“这个容易。”可见，南酒酒精含量较烧酒要低，味道也较为柔和。

还有一种是药酒，“则为烧酒以花蒸成，其名极繁，如玫瑰露、茵陈露、苹果露、山查露、葡萄露、五加皮、莲花白之属。凡以花果所酿者，皆可名露”[①]。也就是说，这类酒通常是以花果蒸成，故药酒多以“露”名之，如玫瑰露、茵陈露、山楂露等，可称为果木酒、花露酒；也有一类为浸泡中草药之药酒，这类酒通常具“保元固本、益寿延龄”之效，可疗疾健身，故多为士子所嗜饮。清有诗赞曰：“长连遥接短连墙，紫禁沧州列两厢，催取四时花酿酒，七层吹过竹风香。”[②]一些文献如汪昂《医方集解》、王孟英《随息居饮食谱》、吴谦等《医宗金鉴》、孙伟《良用汇集经验神方》和项友清《同寿录》等也记载了药酒的方子。“售此者无肴核，须自买于市。而凡嗜饮药酒之人，辄频往，向他食肆另买也。”药酒店一般无菜肴，所售药酒度数较低，性味柔和，在民间颇受欢迎，也有不少女眷光顾（图4-38、图4-39、图4-40）。

① 《天咫偶闻》卷四，清光绪甘棠精舍刻本。

② 摘自《藤阴杂记》卷三。

图4-38　挂着“药酒”“膏药”招牌的店铺（《乾隆南巡图》第一卷局部）

图4-39　挂着“长春药酒”“万应灵膏”招牌的店铺（《乾隆南巡图》第六卷局部）

图4–40　挂着“延龄药酒”招牌的店铺（《乾隆南巡图》第六卷局部）

由于清代社会的风俗习惯和文化习俗，饮酒成为一种普遍现象，各种年节、纪念典礼也少不了酒的参与。乾隆曾经一度因为酒的生产大量消耗粮食等资源，颁布过禁酒令，然而因好酒者实在太多，未能奏效。酒至今在文化活动中都扮演着重要角色，无论对雅者，还是俗者来说，酒都是不可或缺之物。

四、嗜烟风尚

乾隆帝南巡时，途经很多城市的繁华地段，尤其是北京、苏州两地。《乾隆南巡图》中多有对当地民俗的描绘，店铺就是其中的一大亮点。若仔细观察，不难发现“名烟”“烟行”的招牌，不禁令人喟叹：吸烟之风自古有之，事实上，古人比今人嗜烟，更胜一筹。

1. 烟铺林立

在第一卷《启跸京师》中，烟铺多达六处：有的烟草店独立销售，挂着自己的招牌烟，如：“易州干丝”“社塘名烟”“石马名（烟）”（图4-41）；“济宁油丝”“福建浦城”（图4-42）；“各色名烟”“福建浦城”（图4-43）；“石塘”“名烟”“兖州”“济宁”（图4-44）。

图4-41　挂着“易州干丝”“社塘名烟”“石马名（烟）”招牌的店铺
（《乾隆南巡图》第一卷局部）

图4-42　主打“济宁油丝”“福建浦城”的烟店（《乾隆南巡图》第一卷局部）

图4-43　挂着“各色名烟”“福建浦城”招牌的店铺（《乾隆南巡图》第一卷局部）

图4-44　挂着“石塘”“名烟”“兖州”“济宁”招牌的店铺（《乾隆南巡图》第一卷局部）

有的店铺是烟草和茶叶等一起出售，有一家店铺招牌是“茶叶”“名烟”“牛烛”（图4–45）。

图4–45　挂着“茶叶”“名烟”“牛烛”招牌的店铺
（《乾隆南巡图》第一卷局部）

有的店铺索性做起了批发业务——“浦城建烟发贩”（图4–46、图4–47）。

图 4-46　挂着“浦城建烟发贩”招牌的店铺（《乾隆南巡图》第六卷局部）

图 4-47　建烟店（《乾隆南巡图》第六卷局部）

在与徐扬同一时期的另一幅作品《姑苏繁华图》中，也有几处烟铺，因为描绘的是当地一处景观，所以展示的也是当地烟铺的经营范围——主打福建烟（图4–48、图4–49）。

图4–48　主打福建烟的烟店（《姑苏繁华图》局部，藏于辽宁省博物馆）

图4–49　挂着“浦城烟行”招牌的店铺（《姑苏繁华图》局部，藏于辽宁省博物馆）

这些售卖烟草的店铺中，规模大小不一，有些是专门的烟店，并且有自己的主打品牌；有些则是多种商品和烟草一起售卖（图4–50）。烟店也往往和茶社、酒馆及饭馆（图4–51）等相邻。

图4–50　多种商品和烟草一起售卖（《姑苏繁华图》局部，藏于辽宁省博物馆）

图4–51　与饭馆相邻的烟店（《姑苏繁华图》局部，藏于辽宁省博物馆）

无论是哪一幅图卷，画卷中描绘的烟草店铺往往和茶社、酒馆及饭馆等相邻，可见看出烟草在清代人的社交活动中有举足轻重的作用。在清人徐珂《清稗类钞》中即有这方面的记载："乾隆末年，江宁始有茶肆。鸿福园、春和园皆在文星阁东首，各据一河之胜，日色亭午，座客常满。或凭栏而观水，或促膝以品茶。皋兰之水烟，霞漳之旱烟，以此而至。茶叶则自云雾、龙井……上海之茶馆，兼售烟酒。"

清代烟商为了拓展香烟销路，也费了一番周折。最初是前往繁华的京城、江南一带如苏州、扬州，烟商身背烟袋、烟筒及烟丝，走街串巷请人吸食品尝。后来，随着接受的人多了，便有了固定的店铺来经营烟丝及烟具。不仅如此，烟商的品牌意识、广告意识也一应俱全。因为最初的这种行为始于福建烟商，因此烟草推销员被称为"福建烟仔鬼"，经营条丝烟的商店被称为"烟鬼仔店"。乾隆皇帝又赐予其"烟魁"的美名。

专门的烟铺，招揽客人的方式有两种，最直接的就是"招幌"："市招商店悬牌于门以为标志广招徕者曰市招，俗呼招牌，大抵专用字，有参以满、蒙、回、藏文者，有用字兼绘形者，更有不用字、不绘形，直揭其物于门外。"

从图4-52中可见，乾隆时期烟铺的招牌以竖式居多，这或许符合时人的阅读习惯吧。通常把正方形（据说是仿烟袋的形状）布片连缀起来，每个上面用楷书书写一个字，末端系上红飘带，这种形式在民国老照片中还可以得见。也有些店铺用布片等制作成烟丝实物的招牌来招揽顾客，到了民国时，实物招牌已经多为大烟袋了（图4-53）。

图4–52 “易州烟”招幌

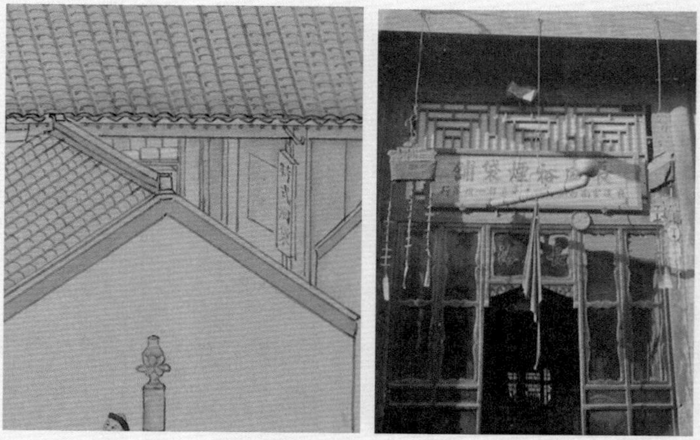

图4–53 《乾隆南巡图》中招牌为“时式烟袋”店铺的店铺与海达·莫里森拍摄的民国时期的“长盛裕烟袋铺”

除了打广告的“招幌”外，还有就是站街的伙计，这些伙计是抽着烟的，目的就是以烟香吸引顾客。现在很多饭馆门口就有一些店铺的服务人员用各种吆喝声招揽客人，有时也会提供一些瓜子、糖果等小食品。除了“招幌”和“烟气”的诱惑外，很多烟铺的店还会备有旱烟管、水烟管，随时让顾客试吸。简直就是想着法儿地要把烟客伺候得舒舒服服的，目的就是刺激顾客多消费。

在清代，北京最大的烟铺是大栅栏南豫丰、鼓楼北豫丰、隆福寺街恒丰厚，且年代久远，常年保持着冬日盘香、夏日火绳，供过客吸烟的旧规矩。明清烟草盛行以来，全国各地也随之出现了很多以销售烟草谋利的商人及售卖香烟的店铺。

从文献中就可得知，乾隆时期广西烟铺规模大小不一：“大市烟铺三二十间，中市、小市亦十余间、五六间。大铺用工人三二十，中铺、小铺亦不减十余或七八，以致制造烟斗以供烟用，天下又不知几千万店销烟斗，铜以铸钱，可以供三二省之用。”[①]从《姑苏繁华图》中可见清乾隆年间苏州烟铺在总店铺中的比例：苏州城内有招幌的店铺二百三十多家，涉及五十多个行业，其中烟店就有八家[②]。

① 《清代文字狱档》，上海书店出版社，2007年版，第311-316页。

② 巩斌：《明清时期的烟草业与烟草广告》，《美术教育研究》，2012年第6期。

2. 清代名烟为哪般

大家可能会好奇，招牌上写的易州、济宁、社塘盛产烟丝，那么，皇帝是否吸烟呢？这个烟是不是罂粟所制？

烟草早在明代万历年间就已传入中国，最早也是影响最大的一条路线是福建水手从菲律宾（当时称为吕宋）带回烟草种子，在福建种植，再南传广东，北传浙江；另外，还有两条路线，分别是：从南洋传入广东；由日本传入朝鲜，再由朝鲜传入辽东①。烟草传入中国后，得到了迅速的传播和广泛的种植。很多地方往往先有吸烟的风气，后来才有烟草种植。传入的烟草纷纷不一，或以形色，或以地名命名。“其在外国者，名发丝；在闽者，名建烟；最佳者，名盖露。名因地得名，如石马、余塘、浦城、济宁、干丝、油丝；有以香拌入者，名香烟；以兰花子拌入者，名兰花烟，至各州县本地无名者甚多。”②（图4-54）

① 吴晗：《谈烟草》，出自吴晗《灯下集》，生活·读书·新知三联书店，2006年版，第25-27页。另外，汪银生在《中国烟草的历史现状与未来》（安徽大学出版社2000年版，第21页）中提出：烟草传入中国的路线有四条。前三条与吴晗所说相同。“第四条路线是从俄国传入新疆……据《新疆农业》记载：‘16世纪下半叶至20世纪初，新疆有玉米、甜菜、黄花烟’。”

② 〔清〕陈琮：《烟草谱》卷一，清嘉庆刻本，清嘉庆二十年（1815）。

图4–54　产地即烟名

在烟草的传种过程中，烟草的加工技术也不断发展。明清时期，在福建、山东、江西、甘肃、湖南、山西等省出现了一些著名的烟草品种。王訢在《食烟考》里说道："出福建浦城、龙岩州者其最著也。江西则广信府、宁都府所产亦佳、湖广叶味平，美腴韧辎重，水陆四达，为天下利。山东则有所烟，所者，地名也，在兖州城内。又有济宁烟，以芳烈胜。直隶则蓟州、易州、山海关诸处皆产烟，雄劲有力，号北地之良。又广东有潮烟者……亦有力也。……水烟者，起于甘肃之兰州。”①

上述图片中所见的以“福建浦城”“石马名（烟）”“建烟行”为招牌的烟铺里售卖的就是福建名烟。福建漳州是最早引进烟草的地方，清代漳州的“石马”“小溪”“长泰”相继成为国内名烟的代名词。石马是福建漳州地区龙海县的一个镇。石马镇所产的烟丝在明末清初就因其品质优异而闻名全国。明末的医药学家倪朱谟在其医药学著作《本草汇言》（成书于1624年）中即称：“烟草……闽中石马镇产者最佳。”②随着漳州烟草被引进省内各地，闽南、闽西、闽北、闽中相继成为烟草产地，其中又以龙岩、永定、上杭、浦城、仙游等县的烟草最为著名。浦城县隶属建宁府，是明清时期最为著名的烟草产区之一。浦城烟“亦以地得名者，闽中尝与武夷茶、建兰等同入上方，故名贡丝”③。陆耀在《烟谱》中言道：烟草“第一属闽产，而浦城最著”。“建烟——闽中以百里所产常供数省之用，非人力独勤种植，独饶良由地气使然也。”④乾隆年间，浦城烟丝畅销京城，有“金丝”“贡丝”之誉⑤。清代浦城的烟草主要种植于西北忠信一带的几个乡，这些地方与江西接壤。赣东北玉山、广丰生产的烟叶运到浦城，在浦城加工后销

① ［清］王訢：《食烟考》，嘉庆十年刻本。

② ［明］倪朱谟：《本草汇言》卷五，《草部·毒草类》，《烟草》，续修四库全书本。

③ ［清］陈琮：《烟草谱》卷一，《浦城烟》，续修四库全书本。

④ ［清］陆耀：《烟谱》，《生产第一》，光绪二年刻本。

⑤ 同上。

售，可以增加价值。所以，浦城名烟有一部分烟叶来自赣东北。另外，由于畅销，建烟销售中也有以次充好者，亦有假冒建烟之名销售的其他地区的烟草，《在园杂志》就记载了这一现象："其在外国者名发丝，在闽者名建烟。然建烟有真建假建，头黄二黄之别。"①清代前期的"建烟"在国内十分畅销。一直到清中叶以后，大西南烟草业兴起，建烟之名才逐渐衰落。

"济宁""兖州"则是以地名命名的山东产名烟。"济宁烟——食物本草云：烟草火出山东旁塞外海岛诸山，济宁所出烟色紫，吸之亦有兰麝气味，然久食之鼻中多出黄水。"清代山东种植烟草以鲁西南的兖州府、济宁州为早。在顺治四年（1647），兖州府滋阳县就已经有了相当规模的烟草种植。济宁州也是山东种植烟草较早的地区，并在清代中期发展成为山东地区最大的烟草产地。乾隆年间《济宁州志》关于烟草的记载是："济州之产，甲于诸郡，齐民趋利若鹜，无异充膏腴以树稂莠。"②而"易州干丝"招牌下卖的则是直隶（今河北）名烟。"直隶易州、蓟州以及山海关等地所产烟叶雄劲有力，号北地之良。"③其与山东烟并称为北方名烟。

①〔清〕陈琮：《烟草谱》卷一，清嘉庆刻本，清嘉庆二十年（1815）。

②〔清〕乾隆：《济宁州志》卷二，《物产》。

③〔清〕王訢：《食烟考》，嘉庆十年刻本。

3. 烟草的几种吸食方法

那么，那个时代的人们是如何消费烟草的呢？吸烟者又都是些拥有什么身份的人呢？

明清时期，人们的吸烟方式主要有旱烟、水烟和鼻烟三种。最普遍的是旱烟，作为吸烟的工具之一，最初多用木、竹烟杆，配上玉石、象牙烟嘴，后普遍用铜烟斗。一般的烟斗都“斗小如豆”，纪晓岚的大烟锅，就是特制的铜烟斗。明清时期，无论是宫廷官员、王公贵族、文人士大夫，还是一般平民，旱烟都有大量的吸食人群（图4–55）。即使到了1837年，美国传教士史蒂芬在山东威海卫等地仍观察到：那里“每个男人都有旱烟筒”[1]。

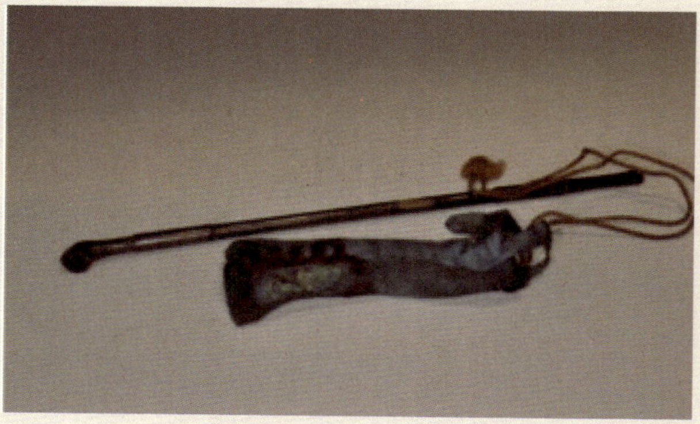

图4–55　银旱烟袋（藏于中国国家博物馆）

① ［美］卫三畏著，陈俱译：《中国总论》（上），上海古籍出版社，2005年版。

乾隆朝时，水烟开始流行，以兰州等地所产最为著名，“《瓣香录》云：用水烟袋吸之，烟从水过。其制有鹤形、象形、葫芦形等”[①]。在清代，水烟是仅次于旱烟的吸食方式，其吸食人群仅次于旱烟，且以老人和妇女居多。道光朝时，梁章钜《退庵随笔》里说是“吃水烟者遍天下”[②]（图4–56）。

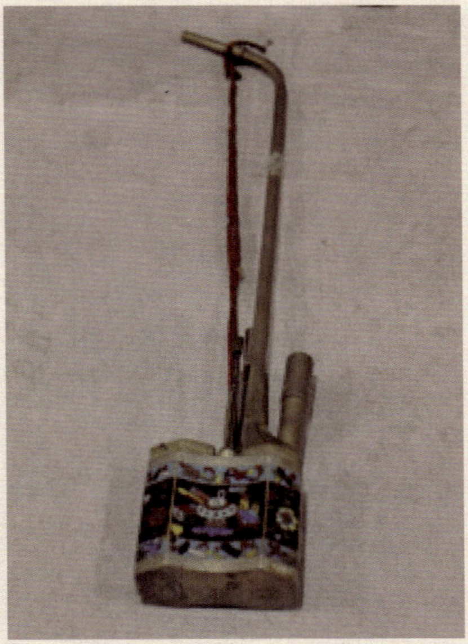

图4–56 烧蓝铜水烟袋（藏于中国国家博物馆）

① 〔清〕陈琮：《烟草谱》卷一，清嘉庆刻本，清嘉庆二十年（1815）。

② 〔清〕梁章钜：《退庵随笔》卷八，清道光十六年刻本，清道光十六年（1836）。

另外，还有鼻烟，其吸食方式更为优雅、斯文，吸食时不需要用火点燃，而是直接吸入鼻中。鼻烟多是由贵重药材等选料精制而成的，价格昂贵，最初多流行于上层社会。清代康熙中叶以后，鼻烟的吸食人群逐渐广泛。“在清代三百年间，北京人士有一种特别嗜好，为全球其他各地所无者。嗜之极为普遍，无论贫富贵贱无不好之。视之极为重要，有类于饮食、睡眠，不可一日缺。其事为何：曰闻鼻烟是也。”①鼻烟多用小瓶贮存，烟瓶即鼻烟壶，其颜色、形状、材质繁多，是清代上层社会喜好的精美玩物。康、雍、乾三帝也喜好鼻烟和鼻烟壶。康熙年间，还出现了专门的鼻烟壶制造场所。在宫廷，有专为皇帝制作鼻烟壶的“造办处”，在民间也有各种鼻烟壶制作作坊。此外，在清代，鼻烟和鼻烟壶也常作为赏赐、馈赠之物，赵之谦在《勇卢闲诘》里说道：“乾隆十七年，（西洋博尔都噶尔）国王若瑟复贡方物二十八种，有赤金鼻烟盒、咖什伦鼻烟罐、螺钿鼻烟盒、玛瑙鼻烟盒、绿石鼻烟盒及鼻烟”；“乾隆二十二年，孝圣宪皇后南巡，赐淮北惠济祠鼻烟壶一。五十二年赐安南（越南）国王鼻烟二瓶，鼻烟壶一。五十三年再赐鼻烟三瓶，鼻烟壶二，朝鲜国王鼻烟一筒，南掌（老挝）国王、缅甸国王瓷鼻烟壶。五十九年赐咈兰西国王鼻烟壶。外藩陪臣若朝鲜、南掌、英吉利、法兰西、越南、暹罗（泰国）、琉球诸国先后来朝者皆赐玻璃鼻烟壶、瓷鼻烟壶及鼻烟有差”；“嘉庆元年举行千叟宴，朝鲜、

---

① 赵汝珍著，赵菁编：《古玩指南》，金城出版社，2010年版。

越南、暹罗使臣人赐鼻烟一瓶、鼻烟盒一。七年，朝鲜使臣预重华宫筵宴，复赐玻璃鼻烟壶一瓶，后遂为常制。”[①]在英使马戛尔尼来华觐见乾隆皇帝时，乾隆皇帝赏赐英国国王及正、副使的礼品中就有鼻烟壶。据军机处《上谕档》[②]载，“拟赏英吉利国王的物件”中，即有“葫芦鼻烟壶一件”；“在如意洲东路等处瞻仰酌拟赏”正使、副使的礼品清单分别有“瓷鼻烟壶一个”；副使的儿子斯当东的赏赐物件里亦有“鼻烟壶一个”；赏“总兵通事等九人”“鼻烟壶各一个”。[③]皇帝不仅用此赏赐邦国、使者，鼻烟壶还被外国作为向清廷进贡的方物以及清廷用以赏赐、馈赠之物。在清代中期，随着官场奢华风气的日益盛行，鼻烟壶成了王公贵族、士大夫们斗富的工具（图4–57）。

图4–57 乾隆款粉彩缠枝莲纹鼻烟壶（藏于故宫博物院）

① 〔清〕赵之谦：《勇卢闲诘》，绍兴墨润堂书苑民国十八年影印本。

② 《上谕档》是军机处汇抄皇帝谕旨的档册。

③ 秦国经、高换婷：《乾隆皇帝与马戛尔尼》，紫禁城出版社，1998年版。

从上述可见，各个阶层的人都有自己钟情的烟草、器具及吸食方式，烟草已逐渐成为清代人们生活中不可或缺之物。

饮食在清代人的生活中占有了很重要的地位，透过食物、食材以及售卖食材的店铺等，可窥见乾隆盛世的风采。清代的食品丰富多元，也奠定了我们今天的舌尖基础。除了食物外，还有茶、酒、烟这些饮食之余的消遣。当然，支撑这一切的是物质基础，乾隆盛世生产力可见一斑。另外，清代的饮食也有其不同于今天的特色，体现出强烈的等级性。无论如何，各个等级都能各得其所。在清代乾隆年间，一个人口如此巨大的时代，食物能够支撑那么多人的生存，这本身就是个奇迹。

后记

“两句三年得，一吟双泪流。”经历了很多故事，这本书才来到你面前。大概八年前，中国国家博物馆的南边三层展厅曾经有《乾隆南巡图》的数字化展示，午休时候，经常去看。虽然展厅里仅有第六卷的高清复制品，细细品读，颇有意趣。师友们来参观，我也时常把他们带到这个展厅，欣赏动画，讨论画作，交流彼此的发现。特别有意思的是，每个人关注的点都不太一样，每个人都有独特的兴趣点，“有一千个读者就有一千个哈姆雷特”。事实上，造成这种现象的原因就在于这是件写实的作品，蕴含了丰富的信息量，有很多可以精细阅读的细节。徜徉其中，犹如穿越到了乾隆盛世年间，熟悉而陌生的古人生活给了我们亲近感，正如哲学家普罗泰戈拉所言，“人是万物的尺度”。

在读画的过程中，我常常会想古人所喝的茶和今天的一样吗？古人一日三餐都吃什么呢？皇帝南巡都吃什么呢？皇帝出游是什么场景呢？他会乘坐什么样的交通工具呢？皇帝有众多的画像，究竟哪个才是他的真面目呢？《乾隆南巡图》中为何有如此多的烟铺？烟草在清代人生活中占了多少分量呢？既然是皇帝过目过的画面，说明皇帝认可烟草售卖，那么，会不会和禁烟令有冲突呢？为何会有这样一幅画作问世？为何会有这样一次南巡的历史事件？南巡中有很多场景，为何选取了这些记录下来？画家又是何人？为了满足自己的好奇心，我开始不断地查阅资料，集腋成裘，逐渐有了一些相关的小短文，小短文不断地合并，扩充成为专题文章，然后，逐渐汇集成了现在的规模。

在了解画作、展览背景及让“文物活起来”幕后故事的过程中，我的同事苏生文、张洁、李秀娜等诸位老师给了我很多帮助；也感谢霍宏伟、朱万章老师在研究过程中给予了我很多教诲、鼓励与建议；感谢耿东升老师为相关图片把关，指教书稿；得益于董卿老师的帮助，了解了很多馆里做历史画研究的传统与过去的资料，让我可以在巨人的肩膀上继续推进。除却国博学者，故宫博物院的汪亓老师也给了我极大的帮助，逐句校对我的文章，提出很多中肯的意见，更重要的是让我对做学问有了一丝敬畏，一丝不苟地去审视自己写下的每一个字。感谢聂崇正老师在我请教相关问题时，耐心指教，提供资料出处，故宫资深学者认真做事、严谨治学的态度给我留下了深刻印象。还要感谢我的导师欧阳启名女士，在我毕业后很多年依旧指导我的论文。特别感谢陈振濂先生，在百忙之中抽出时间指教书稿、题写书名。感谢周洪老师一直以来对我的熏陶、教诲与帮助，以及帮我校对书稿。他们及其他像他们一样的人，都让我感觉到“老师”是个温暖的字眼。虽然课程、学业结束了，他们的教诲、帮助却从未停止，并且一直延续。此外，还要感谢在此过程中帮我查找资料、给我启发与帮助的董宝厚、于悦、王文丽、元国霞、关键、吴倩、张伟等诸位师友。

当然，书籍的出版过程也非一帆风顺，感谢李杨老师，和我不断探讨文章结构大纲，把零散的“小珠子”串成了串；也感谢范昕老师在出版遇到挫折的时候，给予我帮助；更感谢潘飞老师赋予这本书新生，指导我反复打磨书稿，给出我很多出版方面的专业建议，潘老师对于事业的热情、认真、投入也感染了我，这些也都是今后学术道路上宝贵的精神财富。另外，还要感谢我的家人对我的支持，让我在工作之余投入了大量的时间和精力去做自己喜欢的事情，哪怕没有回报。还有一些没有提及姓名的师友、小伙伴，他们一直鼓励我写作，和我分享心得，给我启发，提供帮助，在此一并致谢！研究写作过程是枯燥的，而亲友们的帮助，让我感受到了温情与成长、进步的喜悦。

当然，囿于个人学识、专业、精力等有限，本书还有很多不足之处，请方家指正！